| | |
|---|---|
| 발 행 일 | 2025년 9월 1일(1판 1쇄) |
| I S B N | 979-11-92695-70-9(13000) |
| 정 가 | 15,000원 |
| 집 필 | 이지은 |
| 감 수 | 방컴(쌤과아이들) |
| 본문디자인 | 디자인앨리스 |
| 발 행 처 | ㈜아카데미소프트 |
| 발 행 인 | 유성천 |
| 주 소 | 경기도 파주시 정문로 588번길 24 |
| 홈 페 이 지 | www.aso.co.kr |

이 책은 저작권법에 따라 보호를 받는 저작물이므로 무단 전재와 무단 복제를 금지하며, 이 책 내용의 전부 또는 일부를 이용하려면 반드시 ㈜아카데미소프트의 서면동의를 받아야 합니다.

# [헬로메이플 탐험대②] 이렇게 만들었어요.

재미있는 이야기로 배우는 코딩 첫걸음 헬로메이플 시리즈의 [코딩 2단계] 교재는 이렇게 만들었어요!

### [비밀의 숲 탐험대 이야기]

① 수업이 시작되면 동화 속 마을을 탐험하듯 흥미로운 이야기로 시작해요. 아바타와 함께 미션을 해결하면서 자연스럽게 코딩 개념을 익힐 수 있어요.

② 학교, 요정 마을, 아쿠아 마을 등 다양한 테마의 이야기 속에서 아바타와 함께 문제를 해결하며 학습해요. 몰입감 있는 동화 같은 전개로 수업이 지루하지 않아요.

### [헬로메이플에서 미션 성공하기!]

각 차시가 끝나면 앞에서 배운 내용으로 스스로 작품을 만들어 보고 문제해결능력을 증진합니다. 단순한 블록 코딩 실습을 넘어, 상황을 분석하고 적절한 해결 방법을 찾는 과정을 통해 창의력과 논리력을 함께 기를 수 있어요.

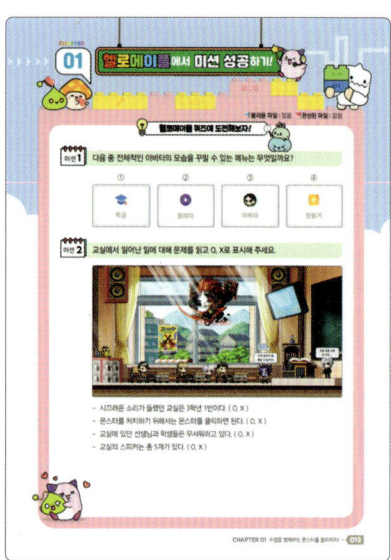

## [4차시마다 중간 평가_코딩 모험 중간 체크포인트!]

❶ 일반적인 교재에는 8차시 또는 12차시마다 함축된 종합평가를 4차시마다 제공하여 이전 3차시에서 배운 내용을 스스로 해결함은 물론 내 맘대로 조건을 변경하여 사고력과 독창성을 발휘하도록 하였습니다. 또한 각 문제마다 해결할 수 있는 방법을 힌트 형태로 제공하여 쉽게 접근 할 수 있도록 하였습니다.

❷ 실습형 문제뿐만 아니라 객관식 평가 문제도 함께 포함하여 학습 내용을 다양하게 점검할 수 있도록 하였습니다. 또한 각 문제에는 해결의 실마리가 될 수 있는 힌트를 제공하여, 아이들이 보다 쉽게 접근하고 사고력과 독창성을 발휘할 수 있는 기회를 제공하고 있습니다.

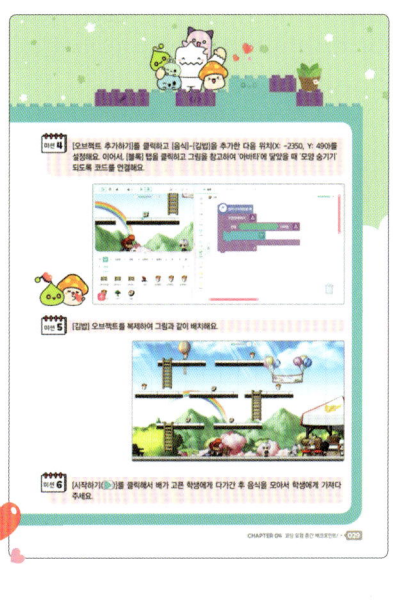

# [헬로메이플에 로그인하기]

**1** 헬로메이플(hellomaple.org)에서 [웹에서 실행하기] 단추를 클릭하고 로그인해요.

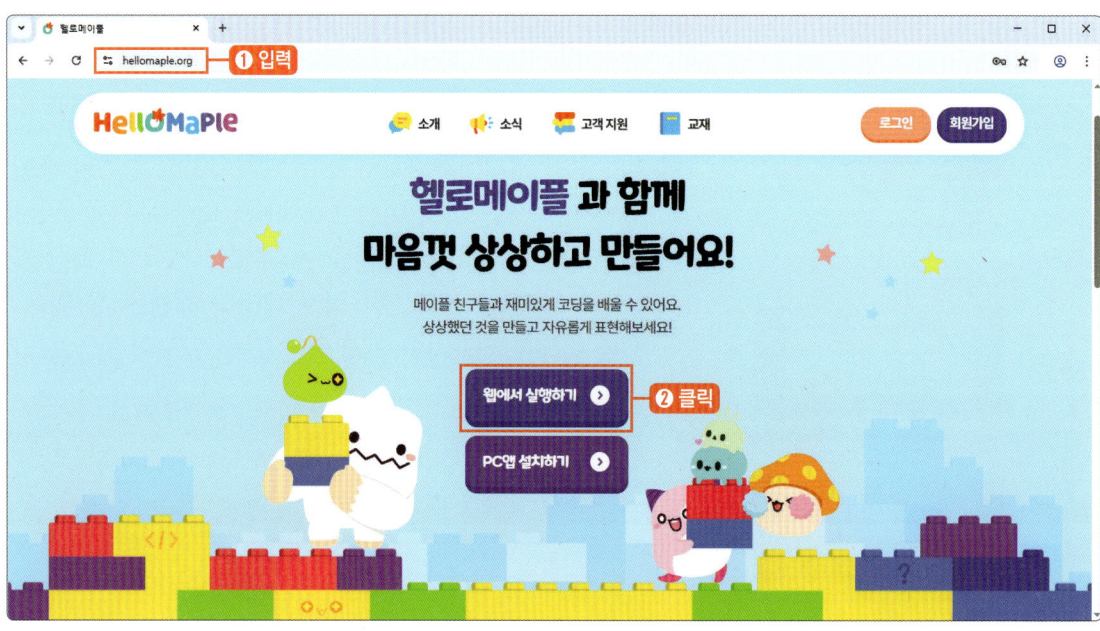

**2** 학급 아이디와 비밀번호를 입력하고 [로그인] 단추를 클릭해요.
  ※ 학급 아이디와 비밀번호는 선생님께서 관리해요.

**헬로메이플 TiP!**

교육기관 회원가입 및 아이디
헬로메이플 교사용 PPT - 0차시 학급 만들기를 참고해 주세요.

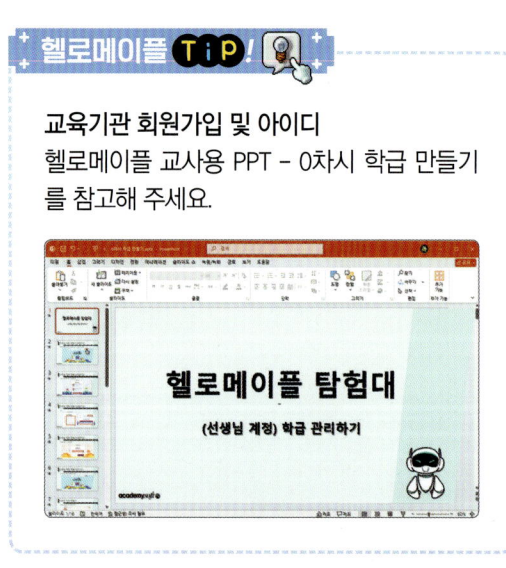
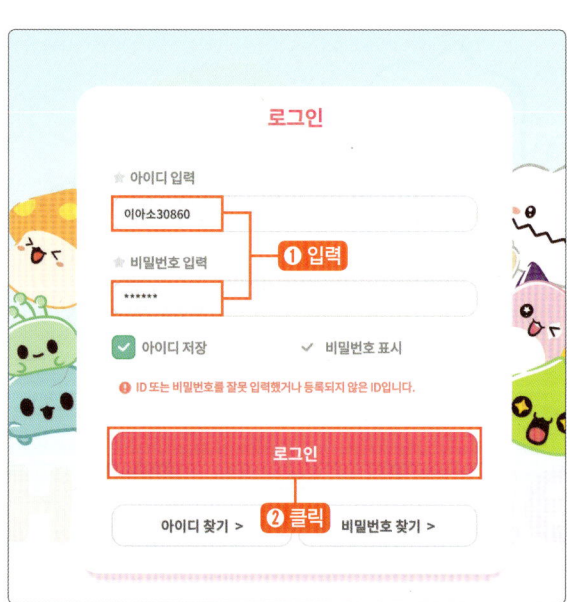

**3** 회원가입 화면에서 이용 약관 동의에 체크하고 [다음]을 클릭하고 새로운 비밀번호로 변경해요.

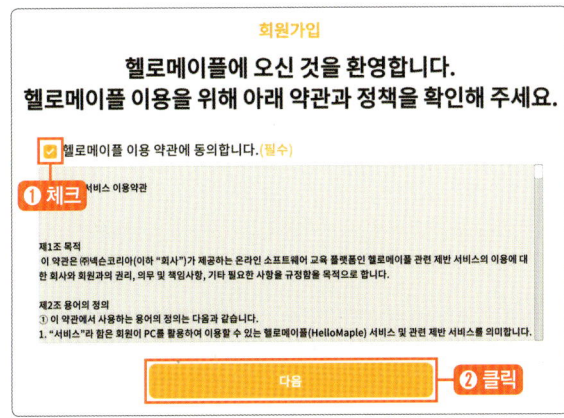
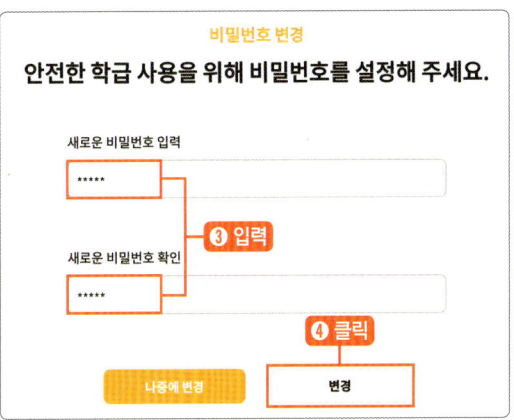

**4** 마지막 단계에요! 헬로메이플 코드를 확인하고 [탐험하기] 단추를 클릭해요.

※ 헬로메이플 코드로 친구들을 찾을 수 있어요.

| 탐험 시작 준비! 아이디와 비밀번호를 잊어버리지 않도록 적어보아요. | |
|---|---|
| 아이디 | |
| 비밀번호 | |

# [헬로메이플 화면 자세히 살펴보기]

**1** 헬로메이플에 로그인하면 보이는 화면이에요. 메뉴를 하나씩 살펴볼까요?

① **내 아바타** : 이 아바타는 내가 꾸미고, 움직이고, 탐험할 캐릭터에요!

② **학급** : 우리 반 친구들과 함께 모험하거나 선생님께 미션을 받을 수 있어요.

③ **배우기** : 튜토리얼을 통해 헬로메이플 사용방법을 익힐 수 있어요.

④ **플레이** : 다른 사람들이 만든 다양한 월드로 들어가서 탐험을 시작할 수 있어요.

⑤ **아바타** : 내 아바타를 꾸미고, 옷이나 장비를 바꿀 수 있어요.

⑥ **만들기** : 직접 나만의 월드를 만들고, 꾸미는 활동을 할 수 있어요.

⑦ **자료실** : 필요한 자료(아이템, 꾸미기 재료 등)를 찾아볼 수 있어요.

⑧ **배경** : 헬로메이플에 로그인하면 보이는 화면의 배경을 변경할 수 있어요.

⑨ **더보기** : 비밀번호와 같은 회원 정보를 수정할 수 있어요.

2  [만들기] 메뉴를 클릭한 다음 [새로 만들기]를 클릭해요. 이어서, [블록코딩] 템플릿을 선택하고 [새로 만들기]를 클릭해요.

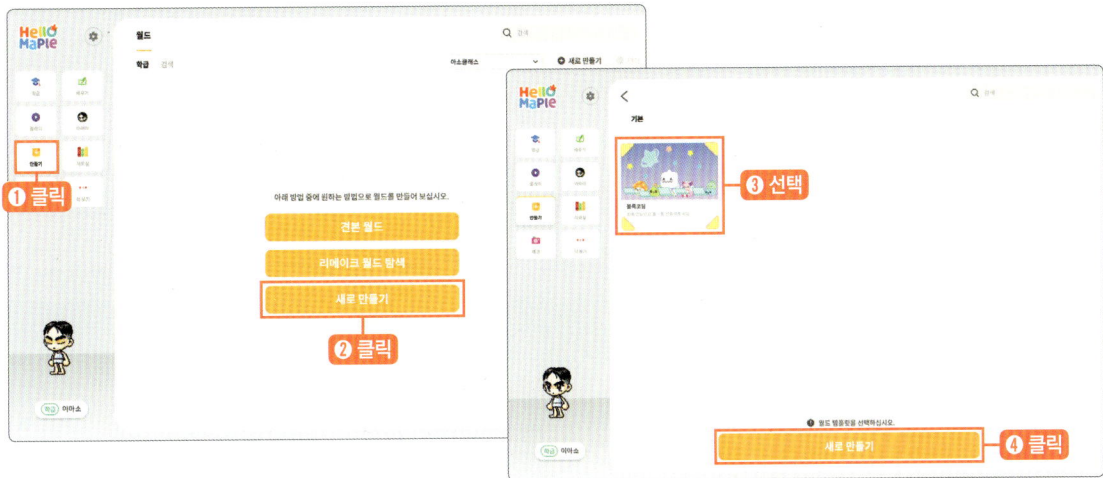

3  이곳은 편집화면이에요. 배경을 변경하거나 아바타 및 오브젝트를 추가하고 명령어 블록을 사용하여 나만의 게임 월드를 만들 수 있어요.

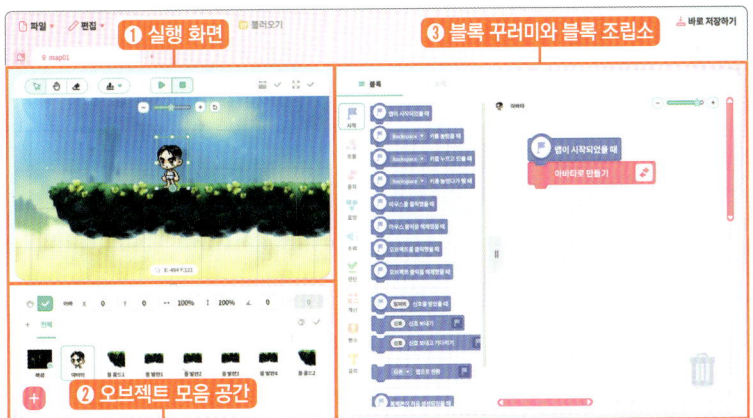

① **실행 화면** : 배경과 아바타 및 오브젝트 등의 배치를 확인할 수 있는 실행 화면 공간이에요.
② **오브젝트 모음 공간** : 월드에 다양한 배경과 아바타, 오브젝트를 추가하고 위치와 크기 등을 편집할 수 있어요.
③ **블록 꾸러미와 블록 조립소** : 블록 꾸러미에 있는 명령어 블록을 조립해서 오브젝트에 다양한 변화를 줄 수 있어요.

# 목차 CONTENTS

**010 CHAPTER 01**
수업을 방해하는 몬스터를 물리치자!

**018 CHAPTER 02**
옥상에서 생긴 이상한 일을 조사하자!

**026 CHAPTER 03**
학교에 지각하지 않게 서두르자!

**032 CHAPTER 04**
코딩 모험 중간 체크포인트!

**034 CHAPTER 05**
사과를 따서 동생에게 가져다주자!

**040 CHAPTER 06**
무시무시한 몬스터 속 정령을 구해주자!

**046 CHAPTER 07**
좀비 무리 속에서 요정을 구하자!

**052 CHAPTER 08**
코딩 모험 중간 체크포인트!

**054 CHAPTER 09**
보물 상자 속 불가사리를 찾아보자!

**060 CHAPTER 10**
목마른 예티에게 시원한 음료를 전해주자!

**066 CHAPTER 11**
바다를 깨끗하게 지키자!

**072 CHAPTER 12**
코딩 모험 중간 체크포인트!

**074**
## CHAPTER 13
요정을 위해 딸기 탕후루를 만들어주자!

**080**
## CHAPTER 14
하늘에서 떨어지는 고기를 모으자!

**086**
## CHAPTER 15
얼음이 된 요정을 모두 구출하자!

**092**
## CHAPTER 16
코딩 모험 중간 체크포인트!

**094**
## CHAPTER 17
장난감 마을의 배달 대작전!
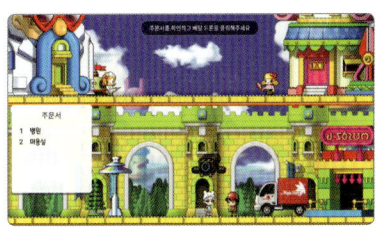

**100**
## CHAPTER 18
장난감 인형 공장에서 탈출하자!

**106**
## CHAPTER 19
외계인 덕후의 방을 탈출하자!

**112**
## CHAPTER 20
코딩 모험 중간 체크포인트!

**114**
## CHAPTER 21
우주선을 만들 부품을 찾아라!

**120**
## CHAPTER 22
외계인의 감시를 피해 탈출하자!

**126**
## CHAPTER 23
우주선을 지켜라!
외계인의 침공을 막아내자!

**132**
## CHAPTER 24
코딩 모험 중간 체크포인트!

# CHAPTER 01 수업을 방해하는 몬스터를 물리치자!

▸ 불러올 파일 : 1차시 교실.mod   ▸ 완성된 파일 : 1차시 교실(완성).mod

###  학습목표
- 헬로메이플에서 나만의 아바타를 꾸며보자.
- 컴퓨터에서 학습할 파일을 불러오자.

### 비밀의 숲 탐험대 이야기

방학이 끝난 비밀의 숲 속 탐험학교에 수업이 시작됐어요. 복도를 지나가던 중, 경비 아저씨가 다급하게 말을 걸어요.

"아휴... 3학년 1반에서 한창 수업 중일 텐데 왜 이렇게 시끄러운지.. 교실에 가서 무슨 일 있는지 확인해 줄래?"

교실 문을 열고 들어가 보니, 교실 한가운데 무서운 몬스터가 떠다니며 소리를 내고 있어요!

학생들과 선생님의 시간은 멈춰있어요! 교실에 있는 스피커 4개를 찾아 클릭하면 몬스터를 공격할 수 있대요!
스피커를 찾아 몬스터를 처치해 주세요!

# 01 방학 끝! 교복 입고, 탐험학교로 가보자!

1. 헬로메이플(hellomaple.org)에서 [웹에서 실행하기] 단추를 클릭하고 로그인해요.
   ※ 로그인하는 방법은 4페이지 내용을 참고해요.

2. 교복으로 갈아입기 위해 [아바타] 메뉴를 클릭해요.
   ※ 이곳에서는 헤어와 의상뿐만 아니라 전체적인 아바타의 모습을 꾸밀 수 있어요.

3. 검색 창에 '신화고'를 입력한 다음 Enter 키를 눌러 검색 후, 교복을 선택해요.

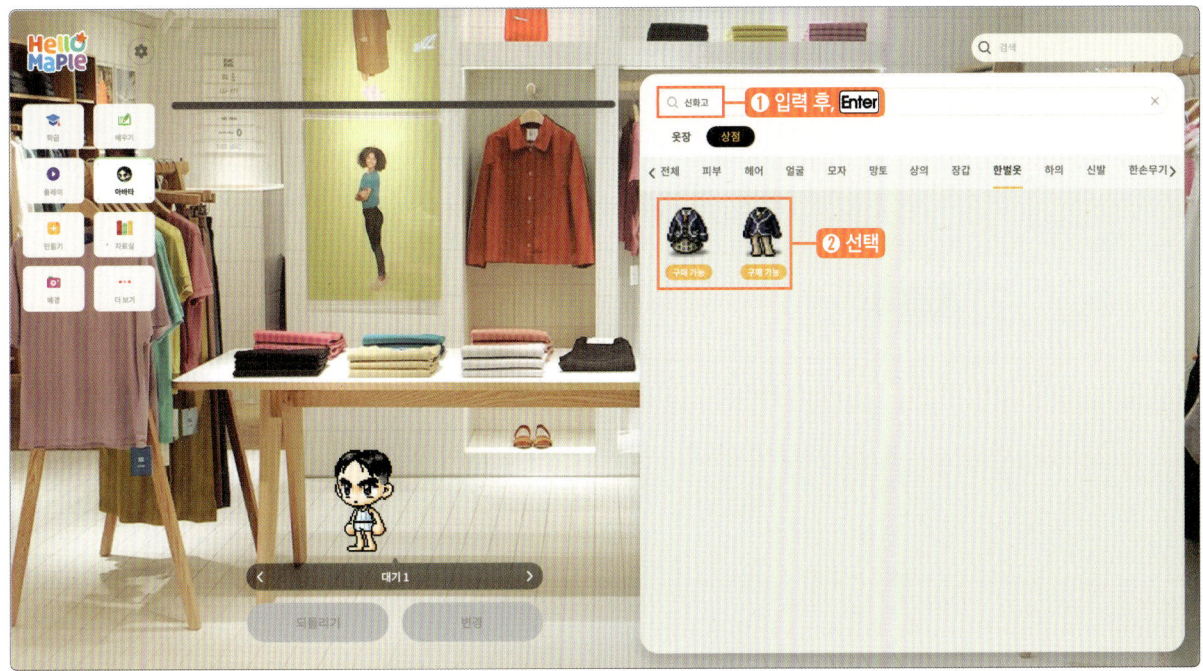

4 검색 창에 '학교'를 입력한 다음 Enter 키를 눌러 검색 후, 신발을 선택해요. 이어서, 검색 창에서 [닫기](✕)를 클릭해요.

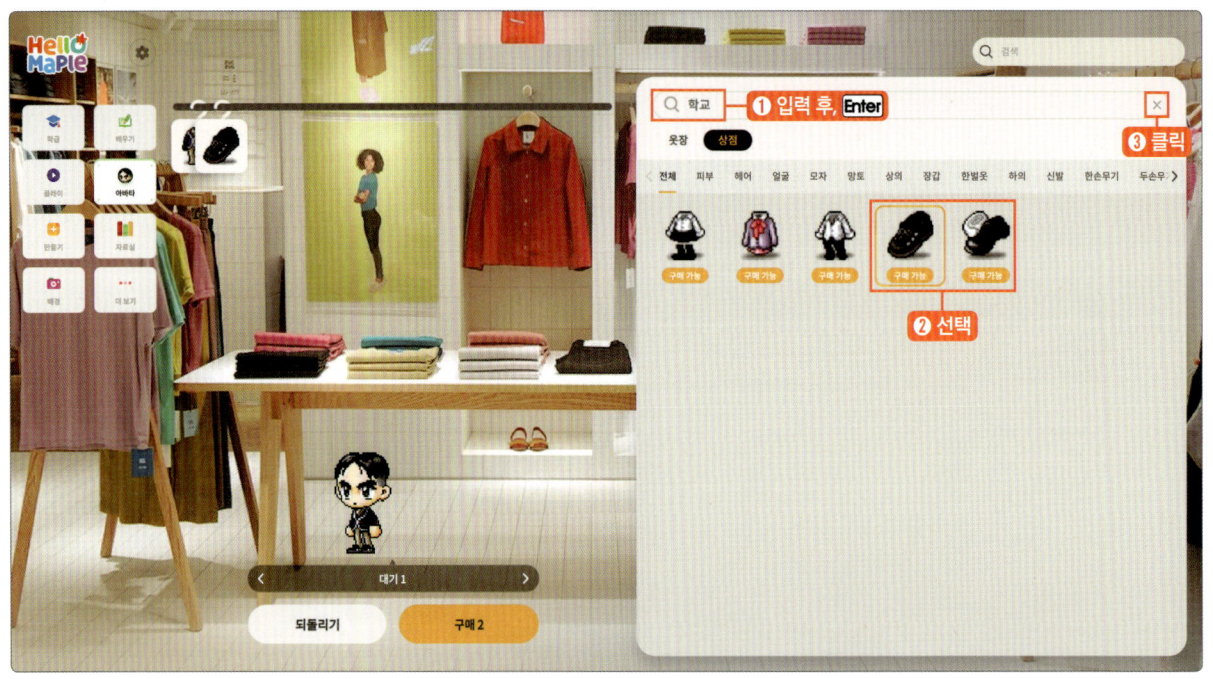

5 [얼굴]을 클릭하고 원하는 표정을 선택해요. 이어서, [헤어]를 클릭하고 원하는 헤어를 선택해요.

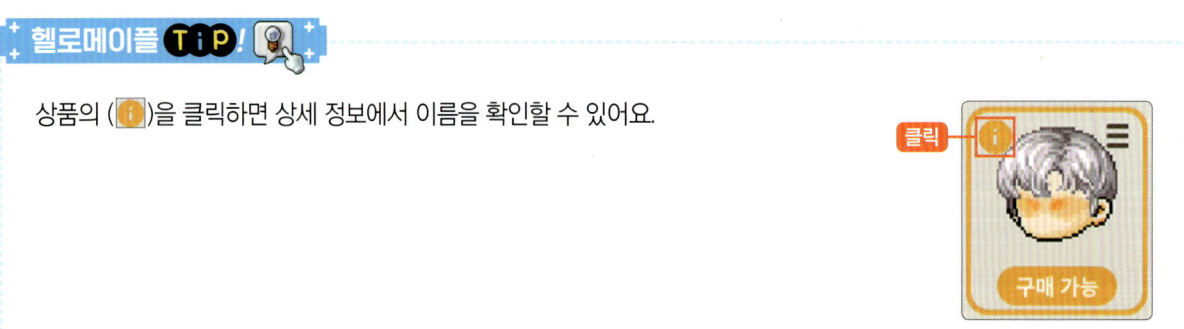

**6** [구매 4] 단추를 눌러서 구매 목록을 확인하고 [구매]를 클릭해요.

※ 구매한 상품은 옷장에서 변경할 수 있지만 삭제할 수 없어요!

## 02 3학년 1반엔 무슨 일이 있을까?

**1** [만들기] 메뉴를 클릭하고 [새로 만들기]-[블록코딩] 템플릿을 선택하고 [새로 만들기]를 클릭해요.

2. 새로운 월드가 열리면 [파일]을 클릭하고 [컴퓨터에서 불러오기]를 클릭해요. 이어서, [불러올 파일]-[CHAPTER 01] 폴더에 있는 [1차시 교실.mod] 파일을 선택하고 [열기]를 클릭해요.

3. 월드의 이름은 '1차시 교실'로 저장하고, [시작하기(▶)]를 클릭해요.

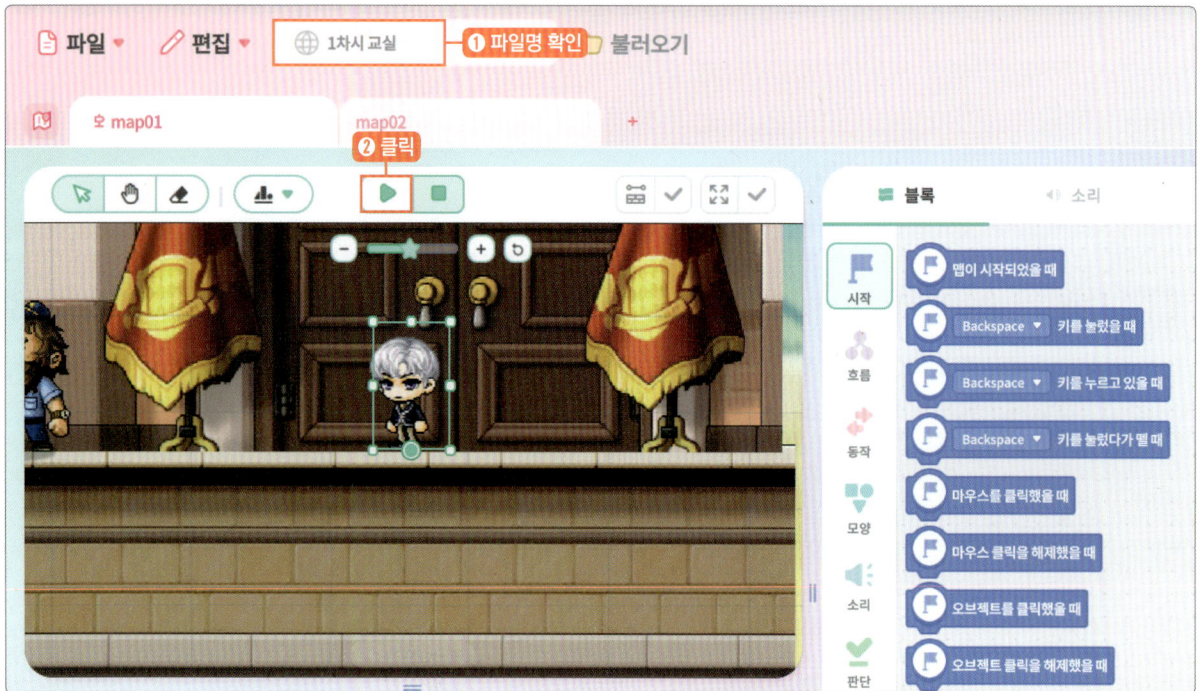

4 ▶ 키보드 방향키를 사용해서 아바타를 움직이고, '경비 아저씨'를 클릭해요.

5 ▶ '경비 아저씨'와 대화가 끝난 후, 교실 안으로 이동하기 위해 포탈 위에서 ↑ 키를 눌러요.

**6** '노래하는 학생'을 클릭하면 몬스터를 공격할 방법을 확인할 수 있어요.

**7** 몬스터를 처치해서 수업이 다시 시작될 수 있도록 도와주세요!

**8** [멈추기(■)]를 클릭한 다음 [파일] 메뉴의 [월드 저장하기]를 클릭해요.

※ 월드 저장하기 단축키 : Ctrl + S

# CHAPTER 01 헬로메이플에서 미션 성공하기!

▶ 불러올 파일 : 없음　▶ 완성된 파일 : 없음

## 헬로메이플 퀴즈에 도전해보자!

**미션 1** 다음 중 전체적인 아바타의 모습을 꾸밀 수 있는 메뉴는 무엇일까요?

① 　② 　③ 　④

학급　　플레이　　아바타　　만들기

**미션 2** 교실에서 일어난 일에 대해 문제를 읽고 O, X로 표시해 주세요.

- 시끄러운 소리가 들렸던 교실은 3학년 1반이다. ( O, X )
- 몬스터를 처치하기 위해서는 몬스터를 클릭하면 된다. ( O, X )
- 교실에 있던 선생님과 학생들은 무서워하고 있다. ( O, X )
- 교실의 스피커는 총 5개가 있다. ( O, X )

CHAPTER 01 수업을 방해하는 몬스터를 물리치자!　•　017

# 옥상에서 생긴 이상한 일을 조사하자!

▶ 불러올 파일 : 2차시 학생.mod　　▶ 완성된 파일 : 2차시 학생(완성).mod

**학습목표**
- 화면의 크기와 위치를 조절해보자.
- 몬스터까지 가는 발판과 사다리를 추가하자.

### 비밀의 숲 탐험대 **이야기**

학교 복도에서 우연히 만난 학생회장이 충격적인 소문을 전해줍니다.
"옥상에서 어떤 학생이 몬스터에게 공격당해서 오징어로 변했다는 말이 있어… 직접 확인해줄래?"

왼쪽 복도의 계단을 이용해서 옥상으로 이동하면 정말로 오징어가 된 학생이 떨고 있어요.
"몬스터에게 공격을 당했어… 오징어 5개를 모아서 몬스터를 물리쳐줘!"

발판과 사다리를 설치해서 옥상 곳곳에 흩어진 오징어를 줍고 몬스터에게 다가가서 공격해요!

몬스터는 사라지고, 학생은 원래의 모습으로 돌아옵니다. "정말 고마워… 덕분에 다시 돌아올 수 있었어!"

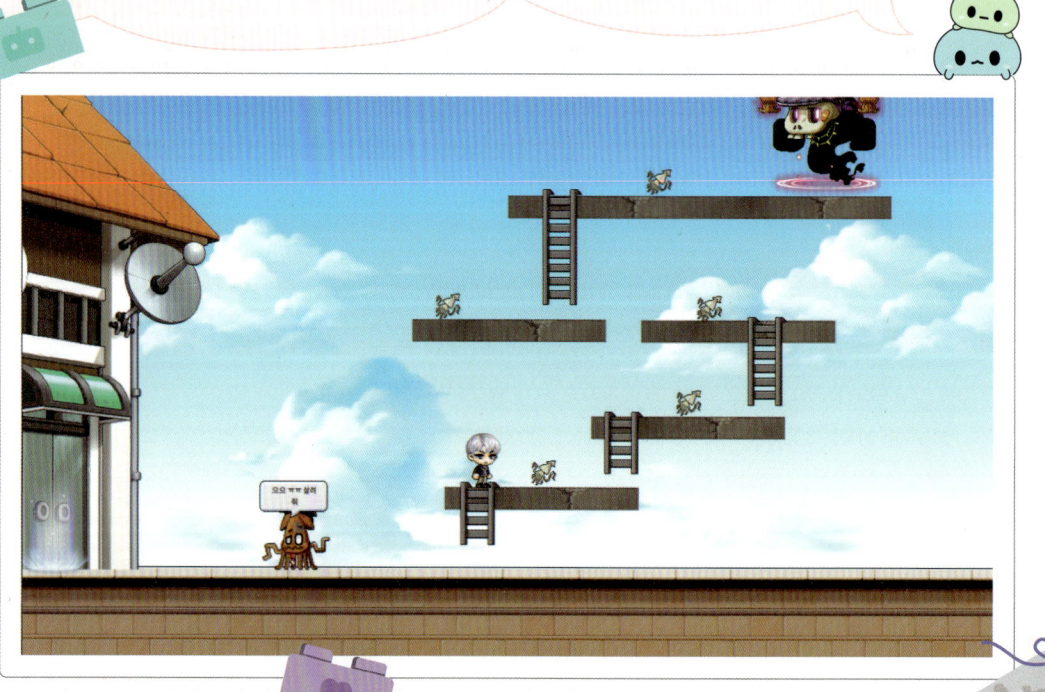

## 01 실행 화면의 크기와 위치를 조절하자!

**1** 헬로메이플에 로그인하고 [만들기]-[새로 만들기]를 클릭해요.

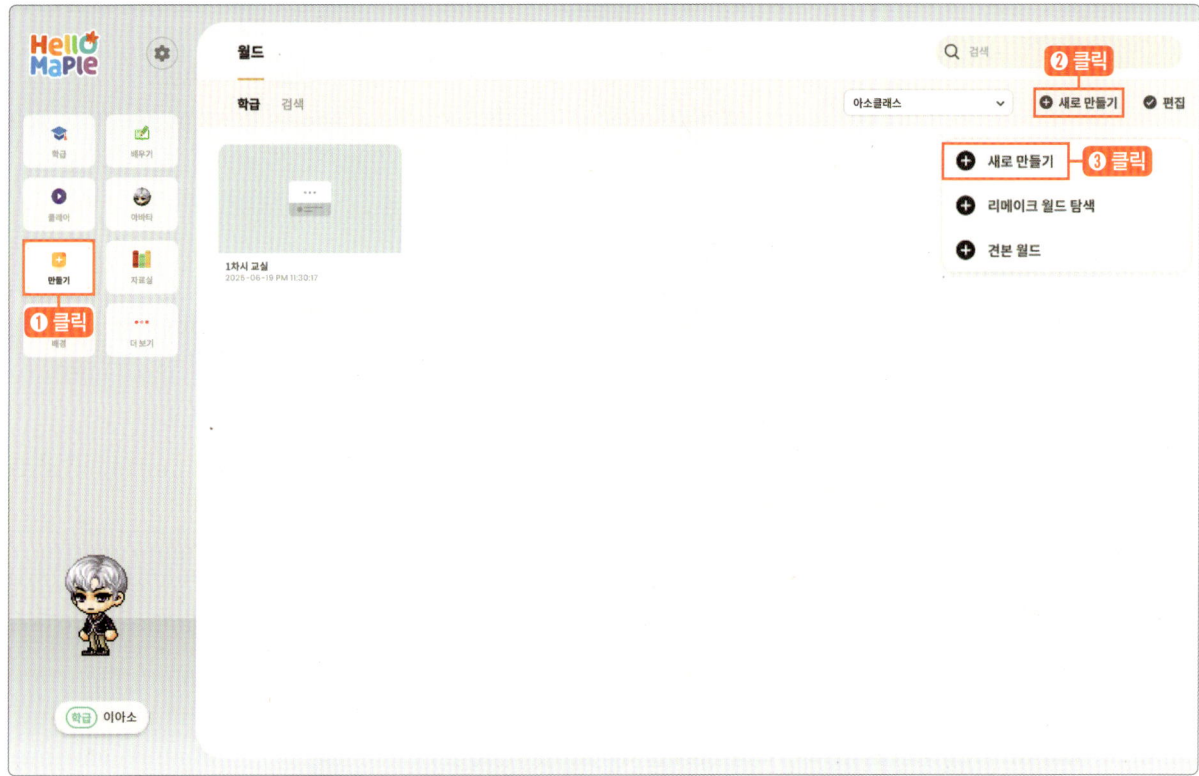

**2** [블록코딩] 템플릿을 선택하고 [새로 만들기]를 클릭해요.

CHAPTER 02 옥상에서 생긴 이상한 일을 조사하자! • 019

3 [파일]-[컴퓨터에서 불러오기]를 클릭한 다음 [불러올 파일]-[CHAPTER 02] 폴더에 있는 [2차시 학생.mod] 파일을 선택하고 [열기]를 클릭해요.

4 월드의 이름은 '2차시 학생'으로 저장해요.

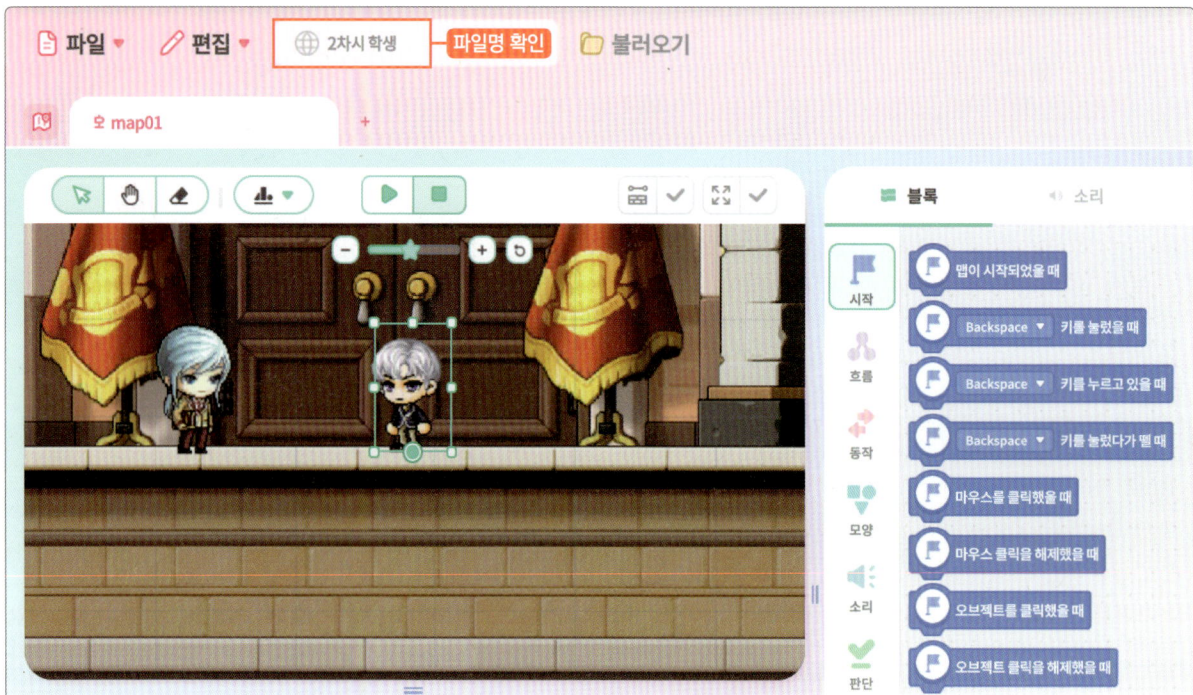

5 실행 화면에서 [축소(-)]를 클릭해서 화면의 크기를 줄여요.

6 [화면 이동 커서(✋)]를 클릭하고 그림과 같이 화면의 위치를 변경해요.

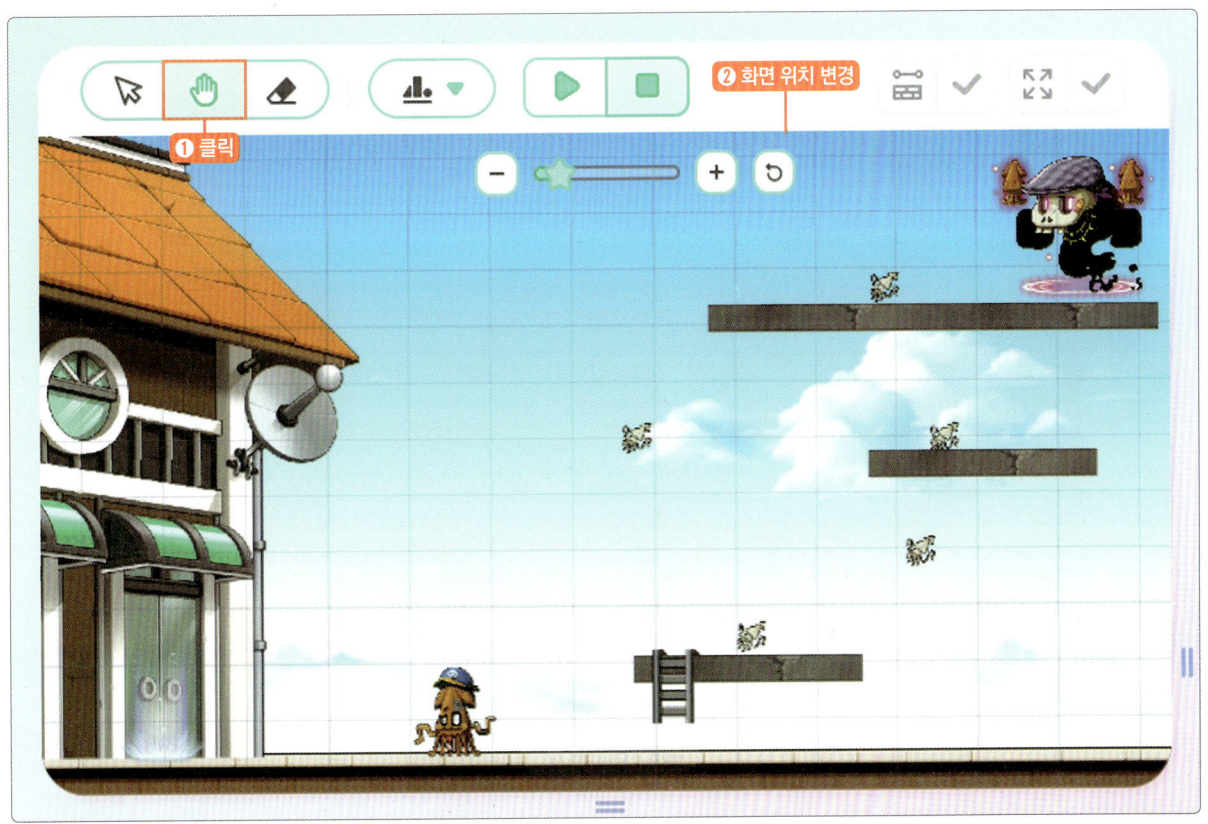

CHAPTER 02 옥상에서 생긴 이상한 일을 조사하자!

## 02 몬스터까지 가는 길을 추가하자! (발판 추가하기)

**1** 오브젝트 모음 공간에서 [추가하기( + )]-[오브젝트 추가하기]를 클릭하고 [공간]-[돌 발판4]을 클릭해요.

**2** [기본 커서( )]로 변경해요. 이어서, [돌 발판4]을 클릭하고 오브젝트 모음 공간에서 X: 390, Y: 1200 위치로 설정해요.

3 ▶ [돌 발판4]를 마우스 오른쪽 단추로 클릭해서 [복제하기]를 클릭해요.

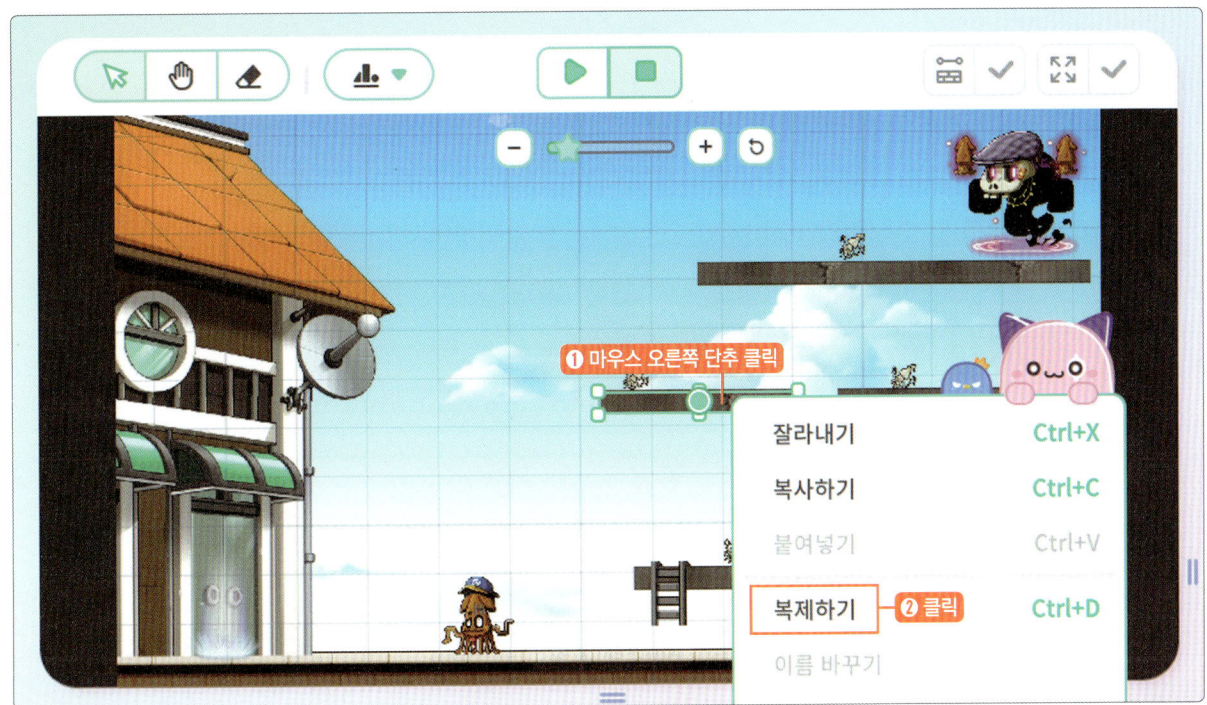

4 ▶ 복제된 [돌 발판4]의 위치를 X: 860, Y: 950으로 설정해요.

CHAPTER 02 옥상에서 생긴 이상한 일을 조사하자! • 023

## 03 몬스터까지 가는 길을 추가하자! (사다리 추가하기)

1. 오브젝트 모음 공간에서 [추가하기( + )]-[오브젝트 추가하기]를 클릭하고 [공간]-[회색 사다리]를 클릭해요.

2. 사다리의 길이를 조절하기 위해 [길이 조절( ↕ )]을 클릭하면서 아래로 드래그해요.

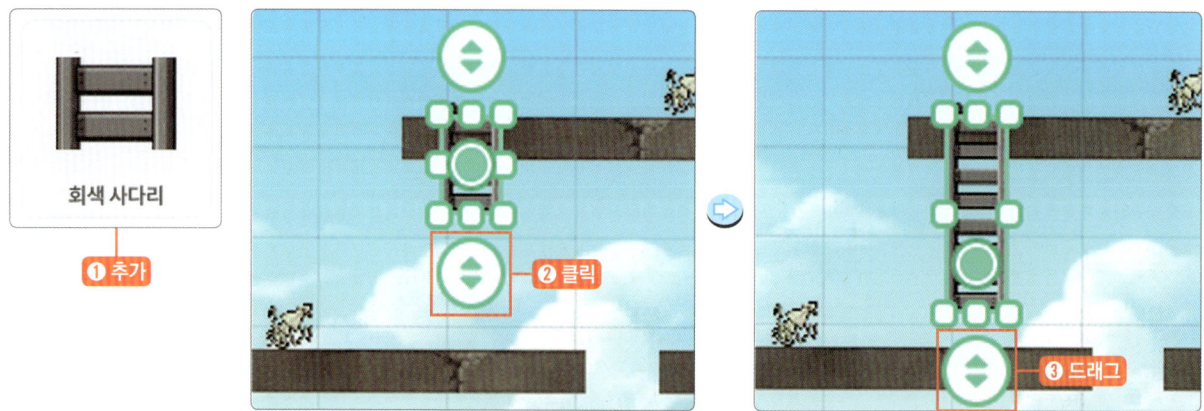

3. 그림과 같이 사다리를 설치하고 사다리의 길이를 조절해요.

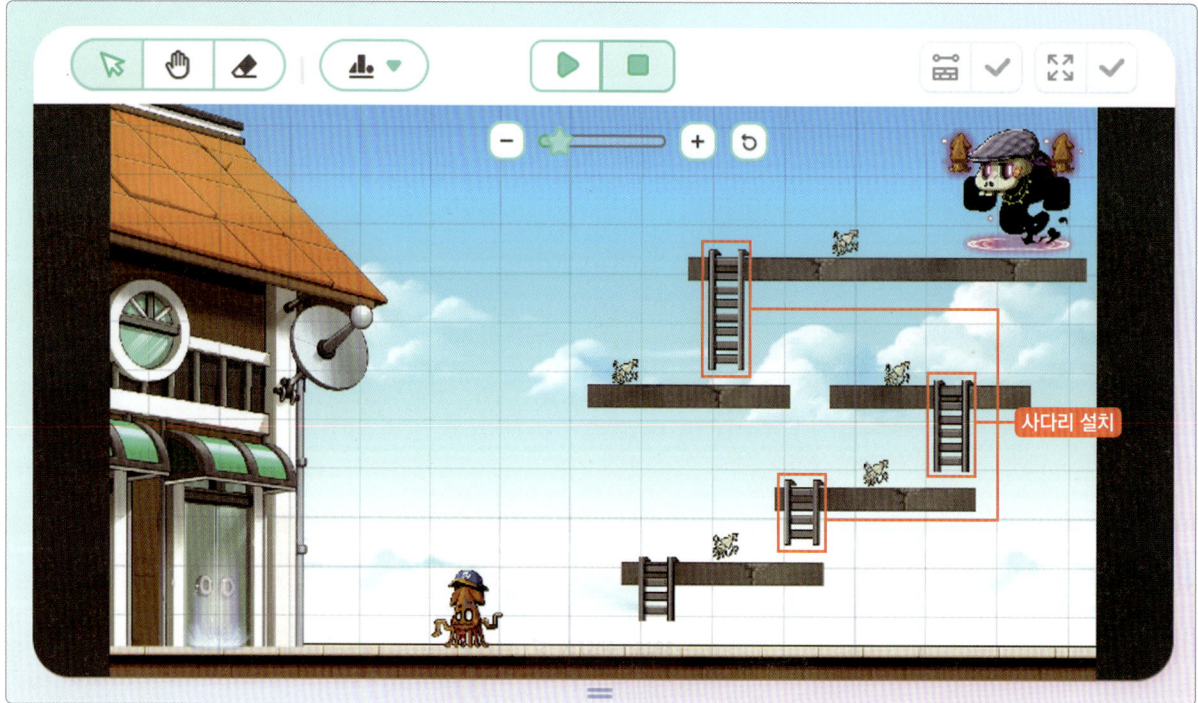

4. [시작하기( ▶ )]를 클릭해서 옥상으로 이동하고 몬스터를 처치해서 학생을 구해주세요!

5. [멈추기( ■ )]를 클릭한 다음 [파일] 메뉴의 [월드 저장하기]를 클릭해요.

# CHAPTER 02 헬로메이플에서 미션 성공하기!

📄 불러올 파일 : 없음    📄 완성된 파일 : 없음

💡 헬로메이플 퀴즈에 도전해보자!

**미션 1** 헬로메이플의 편집화면 중 배경, 아바타, 오브젝트를 추가하고 편집할 수 있는 곳은 어디일까요?

① 실행 화면    ② 오브젝트 모음 공간    ③ 블록 꾸러미와 블록 조립소

**미션 2** 학교에서 일어난 일에 대해 문제를 읽고 O, X로 표시해 주세요.

- [시작하기(▶)]를 클릭했을 때 시작하는 위치는 학교 옥상이다. (O, X)
- 복도 계단을 올라갈 때 `Alt` 키를 누르면 점프할 수 있다. (O, X)
- 옥상에서 몬스터까지 가기 위해 [발판 4]와 [흰색 사다리]를 추가한다. (O, X)
- 몬스터를 공격할 때 `Ctrl` 키를 사용한다. (O, X)

CHAPTER 02 옥상에서 생긴 이상한 일을 조사하자! • **025**

# CHAPTER 03 학교에 지각하지 않게 서두르자!

▶ 불러올 파일 : 3차시 학교 가는 길.mod　　▶ 완성된 파일 : 3차시 학교 가는 길(완성).mod

- 동전 오브젝트를 추가하고 아바타와 닿으면 사라지게 하자.
- 모든 동전을 모은 뒤 선생님에게 이동하여 미션을 완성하자.

### 비밀의 숲 탐험대 이야기

따르릉..! 알람 소리가 울려요. "으악, 지각이다! 얼른 학교로 가자!"

학교로 가는 길에는 누군가 흘린 듯한 동전이 여기저기 떨어져 있어요. 길 위에 있는 동전을 모두 모아야만 학교에 무사히 도착할 수 있어요.

모든 동전을 다 모았다면, 학교 정문 앞에 서 계신 선생님에게 다가가 보세요.

"다행히 지각은 면했군.. 얼른 교실로 들어가렴!" 선생님이 칭찬해주시면 미션 성공이에요.

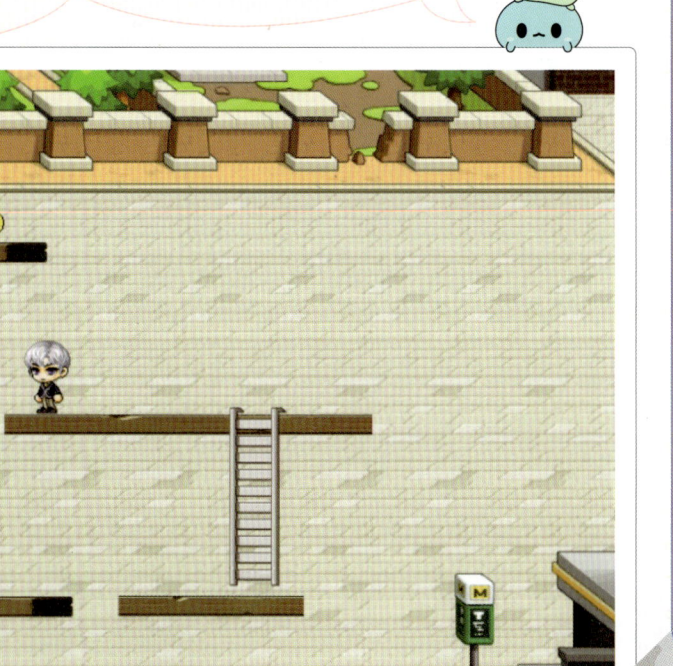

## 01 학교 가는 길을 확인하자!

**1** 헬로메이플에 로그인하고 [만들기]-[새로 만들기]를 클릭해요. 이어서, [블록코딩] 템플릿을 선택하고 [새로 만들기]를 클릭해요.

**2** [파일]-[컴퓨터에서 불러오기]를 클릭한 다음 [불러올 파일]-[CHAPTER 03] 폴더에 있는 [3차시 학교 가는 길.mod] 파일을 선택하고 [열기]를 클릭해요.

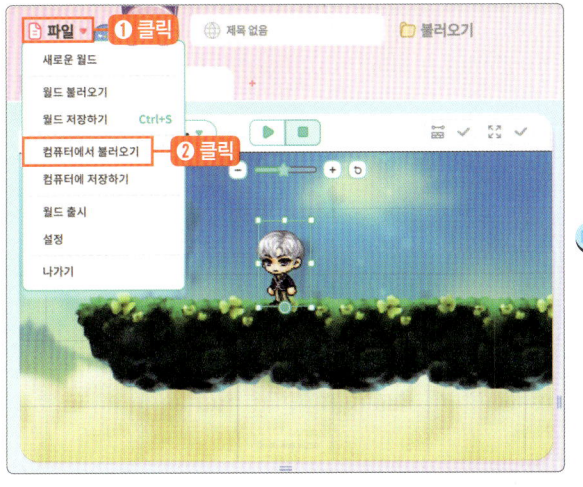 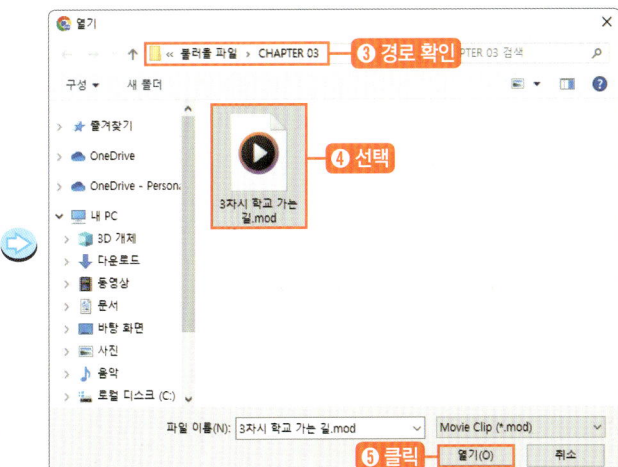

**CHAPTER 03** 학교에 지각하지 않게 서두르자! • **027**

3  월드의 이름은 '3차시 학교 가는 길'로 저장해요.

4  오브젝트 모음 공간에서 [추가하기(+)]-[오브젝트 추가하기]를 클릭하고 [물건]-[별]을 클릭해요.

5 [별]을 클릭하고 오브젝트 모음 공간에서 X: 1500, Y: -1900 위치로 설정해요.

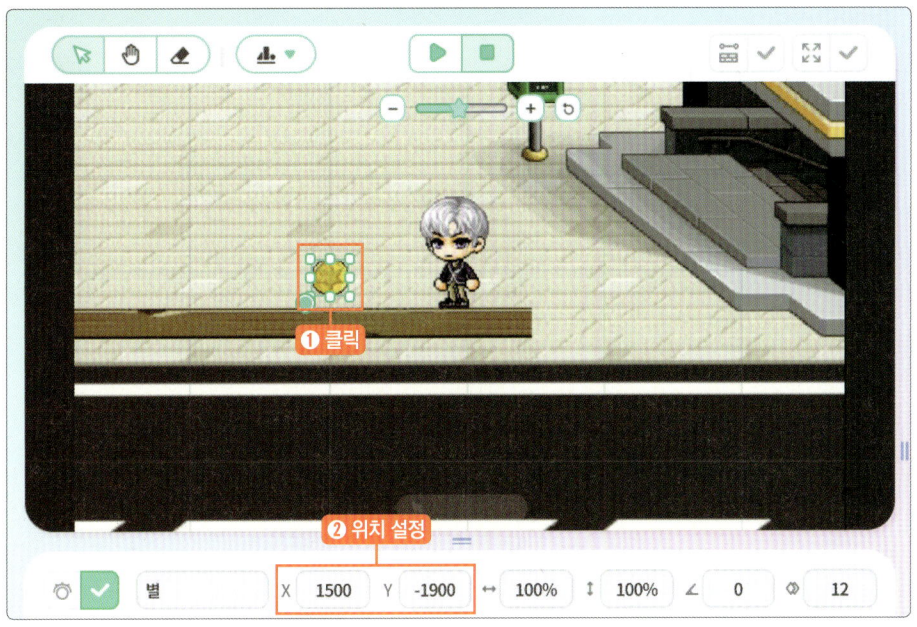

## 02 학교 가는 길에 떨어진 동전을 주워보자!

1 [별]을 클릭하고 [시작] 및 [흐름] 블록을 드래그해서 블록 조립소에 추가하고 [판단]과 [모양] 블록을 연결해요.

※ '별' 오브젝트에 아바타가 닿을 때 '별' 오브젝트의 모양이 숨겨지는 코드에요.

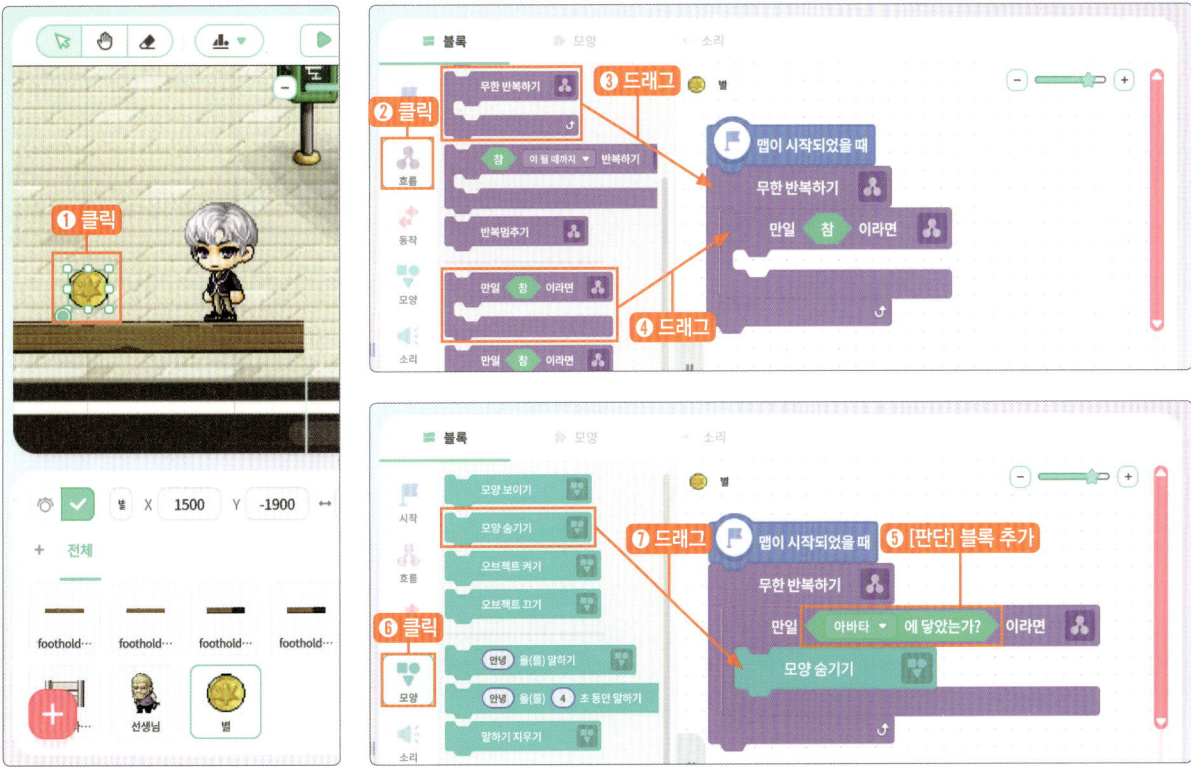

2 실행 화면에서 [축소(-)]를 클릭해서 화면의 크기를 줄여요. 이어서, [화면 이동 커서(✋)]를 클릭하고 그림과 같이 화면의 위치를 변경해요.

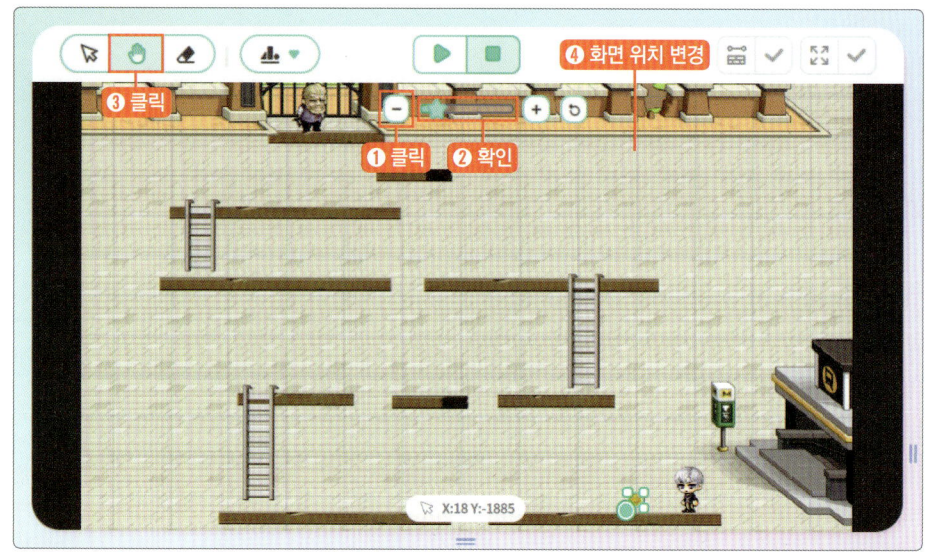

3 [별] 오브젝트를 복제하여 학교 가는 길 중간 중간에 배치해요.

**헬로메이플 TiP!**

[전체화면(▦✓)]을 체크하면 화면을 크게 볼 수 있어서 오브젝트를 배치하기 좋아요! 하지만, [전체화면] 모드에서는 단축키를 활용할 수 없기 때문에 마우스 오른쪽 단추를 눌러서 복제해요.

4 [시작하기(▶)]를 클릭해서 학교 가는 길에 떨어진 동전을 모두 모아서 선생님에게 가면 미션 성공이에요!

5 [멈추기(■)]를 클릭한 다음 [파일] 메뉴의 [월드 저장하기]를 클릭해요.

# CHAPTER 03 헬로메이플에서 미션 성공하기!

🔹 불러올 파일 : 3차시 미션.mod　　🔹 완성된 파일 : 3차시 미션(완성).mod

💡 **헬로메이플 퀴즈에 도전해보자!**

**미션 1**　[불러올 파일]-[CHAPTER 03]-[3차시 미션.mod] 파일을 선택하고 월드의 이름은 [3차시 미션]으로 저장해요.

**미션 2**　[추가하기()]-[오브젝트 추가하기]를 클릭하고 [공간]에서 [가시덤불]과 [돌아가는 표창]을 추가해요.

　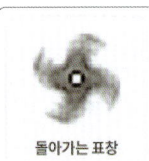

가시덤불　　돌아가는 표창

**미션 3**　[가시덤불]과 [돌아가는 표창]을 피해 조심조심 동전을 모아주세요!

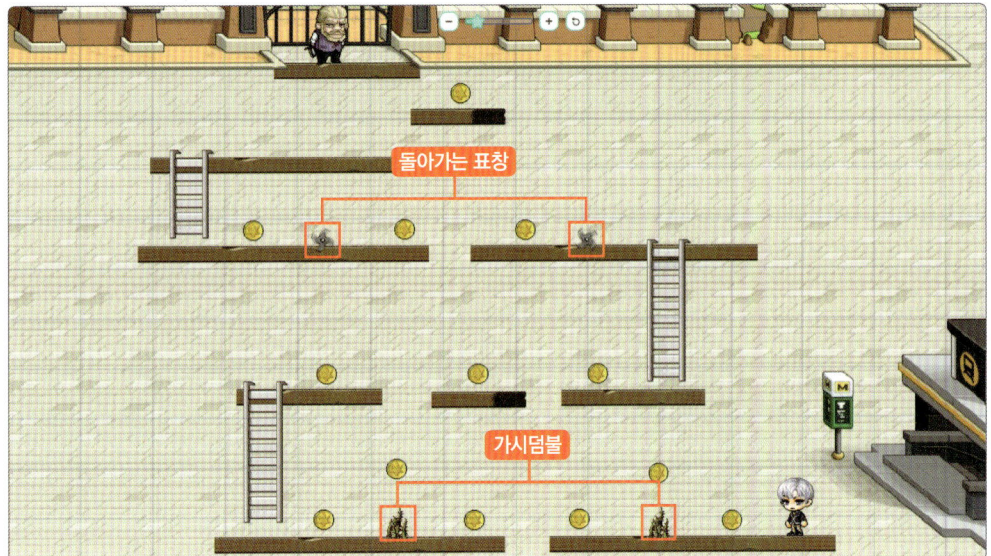

CHAPTER 03 학교에 지각하지 않게 서두르자! • **031**

# CHAPTER 04 코딩 모험 중간 체크포인트!

📍 **불러올 파일** : 4차시 배고픈 학생.mod   📍 **완성된 파일** : 4차시 배고픈 학생(완성).mod

**미션 1** [불러올 파일]-[CHAPTER 04] 폴더에 있는 [4차시 배고픈 학생.mod] 파일을 선택하고 월드의 이름은 [4차시 미션]으로 저장해요.

**미션 2** 실행 화면에서 [축소(-)]를 클릭해서 화면의 크기를 줄여요. 이어서, [화면 이동 커서(✋)]를 클릭하고 그림과 같이 화면의 위치를 변경해요.

**미션 3** [기본 커서(▷)]로 변경한 다음 [추가하기(+)]-[오브젝트 추가하기]를 클릭하고 [공간]-[나무 사다리3]를 추가해요.

**미션 4** [오브젝트 추가하기]를 클릭하고 [음식]-[김밥]을 추가한 다음 위치(X: -2350, Y: 490)를 설정해요. 이어서, [블록] 탭을 클릭하고 그림을 참고하여 '아바타'에 닿았을 때 '모양 숨기기' 되도록 코드를 연결해요.

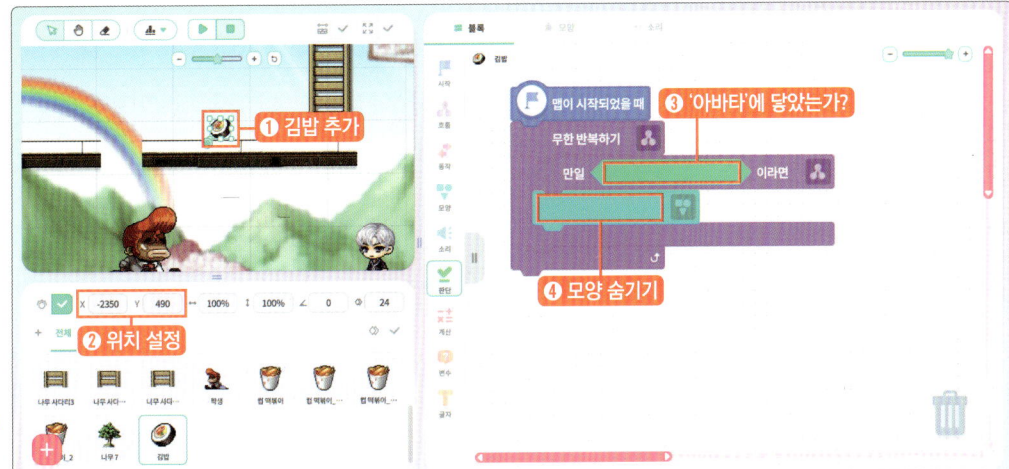

**미션 5** [김밥] 오브젝트를 복제하여 그림과 같이 배치해요.

**미션 6** [시작하기(▶)]를 클릭해서 배가 고픈 학생에게 다가간 후, 음식을 모아서 학생에게 가져다 주세요.

CHAPTER 04 코딩 모험 중간 체크포인트! • 033

# CHAPTER 05 사과를 따서 동생에게 가져다주자!

🚩 **불러올 파일** : 5차시 사과나무.mod   🚩 **완성된 파일** : 5차시 사과나무(완성).mod

### 🧭 학습목표
- 포털을 추가하고 다른 장면(집 안)으로 이동하는 코드를 작성하자.
- 사과 오브젝트를 클릭하여 사과를 따서 집 안에 있는 동생에게 전달하자.

### 비밀의 숲 탐험대 이야기

맑은 아침, 집 앞에서 귀여운 요정 루나가 손짓하며 다가오네요.

"부탁이 있어! 동생에게 사과를 전달해야하는데 나무에 열린 사과를 따서 집 안에서 기다리는 동생에게 전달해줄 수 있겠니?"

먼저 사과나무에 다가가 사과를 클릭해 따주세요. 사과를 모두 땄다면, 집 문 앞에 있는 포털에 들어가야 합니다.

집 안에 있는 동생에게 다가가 사과를 건네주세요. "와~ 사과는 제가 제일 좋아하는 과일이에요!" 동생이 기뻐하면 미션 성공이에요.

## 01 새 옷으로 갈아입자!

**1** 헬로메이플에 로그인하고 [아바타]를 클릭해요. 이어서, 옷의 이름을 확인하고 옷을 구매해요.

**2** [만들기]-[새로 만들기]를 클릭한 다음 [파일]-[컴퓨터에서 불러오기]-[5차시 사과나무.mod] 파일을 선택하고 [열기]를 클릭해요.

※ 파일 위치 : [불러올 파일]-[CHAPTER 05]

CHAPTER 05 사과를 따서 동생에게 가져다주자! • 035

3 월드의 이름은 '5차시 사과나무'로 저장해요.

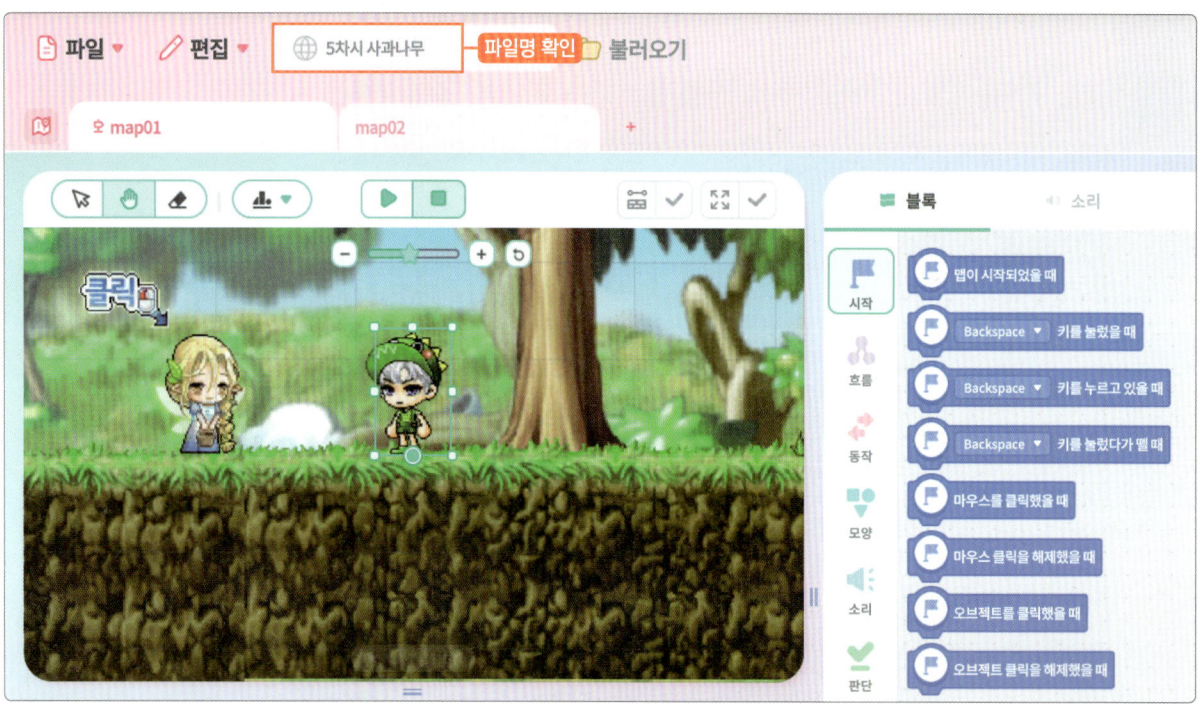

## 02 집 안으로 들어갈 수 있도록 코드를 추가하자!

1 [포털1]을 클릭하고 [시작]-  블록을 드래그해서 조건 블록 안에 연결해요. 이어서, 'map02'로 변경해요.

※ ↑ 키를 눌렀을 때 '포털1' 오브젝트에 아바타가 닿으면 'map02' 맵으로 전환되는 코드에요.

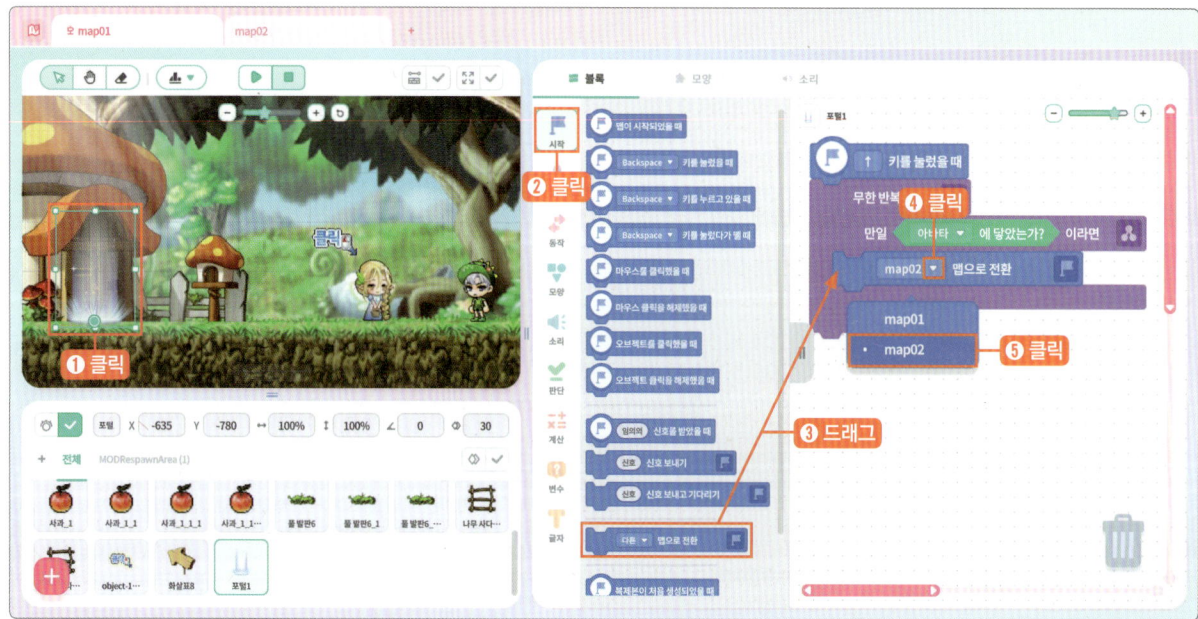

## 03 집 안으로 들어가보자!

**1** [map02]를 클릭하면 두 번째 맵으로 이동할 수 있어요.

※ '변경사항이 있습니다. 맵을 불러오기 전에 저장하겠습니까?' 메시지가 뜨면 [예]를 눌러요.

**2** 실행 화면에서 [축소(-)]를 클릭해서 화면의 크기를 줄여요. 이어서, [화면 이동 커서(✋)]를 클릭하고 그림과 같이 화면의 위치를 변경해요.

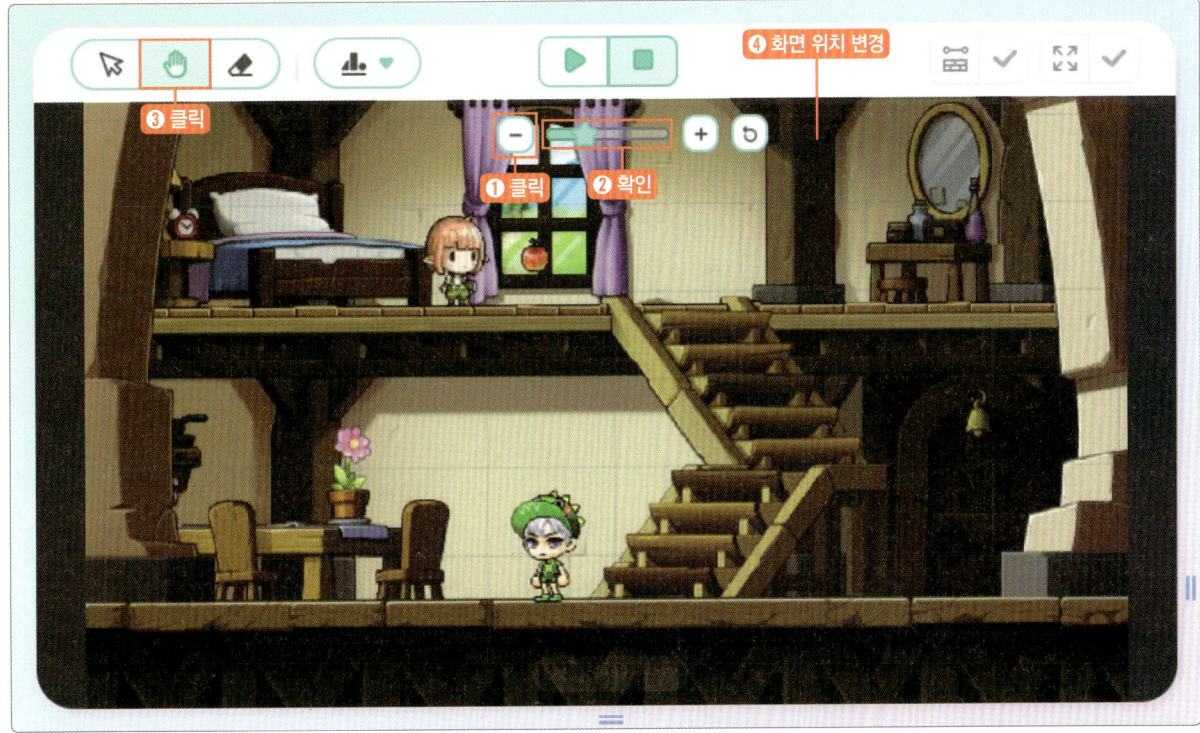

CHAPTER 05 사과를 따서 동생에게 가져다주자! • 037

3 오브젝트 모음 공간에서 [추가하기(+)]-[오브젝트 추가하기]를 클릭하고 [공간]-[포털1]을 클릭해요. 이어서, 그림과 같이 문 앞에 포털을 설치하고 아바타의 위치를 포털 위쪽으로 변경해요.

4 [map01]에서 [시작하기(▶)]를 클릭하고 사과나무에서 사과를 클릭해요. 이어서, 집 안에 있는 동생 요정에게 사과를 전달해주세요.

※ 포털을 사용하면 집 안으로 들어갈 수 있어요.

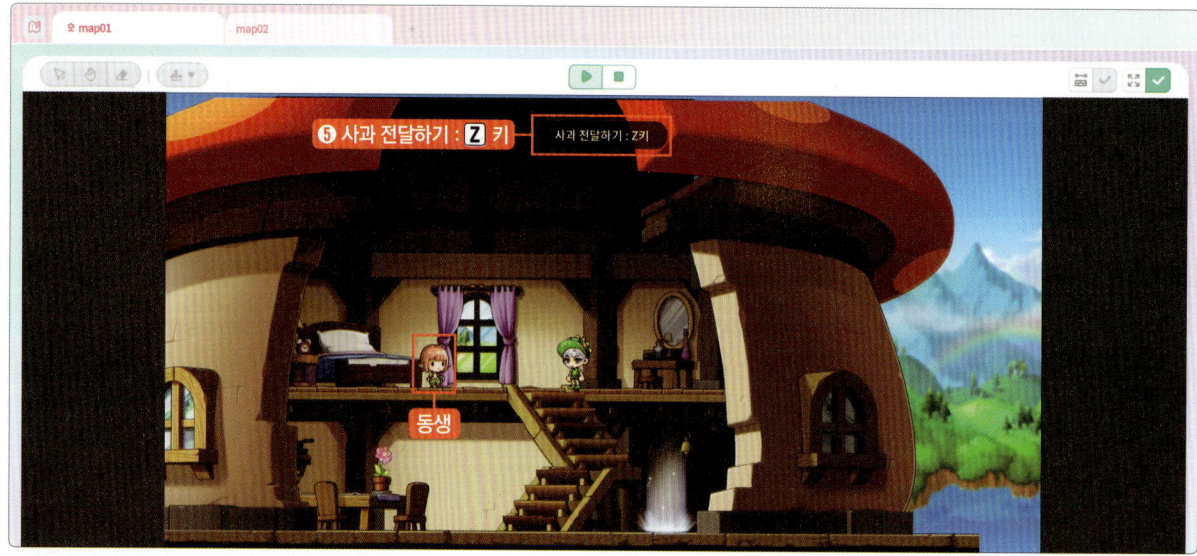

# CHAPTER 05 헬로메이플에서 미션 성공하기!

▶ 불러올 파일 : 5차시 미션.mod    ▶ 완성된 파일 : 5차시 미션(완성).mod

### 헬로메이플 퀴즈에 도전해보자!

**미션 1** [불러올 파일]-[CHAPTER 05]-[5차시 미션.mod] 파일을 선택하고 월드의 이름은 [5차시 미션]으로 저장해요.

**미션 2** [map02]를 클릭하고 [포털1] 오브젝트를 클릭해요.

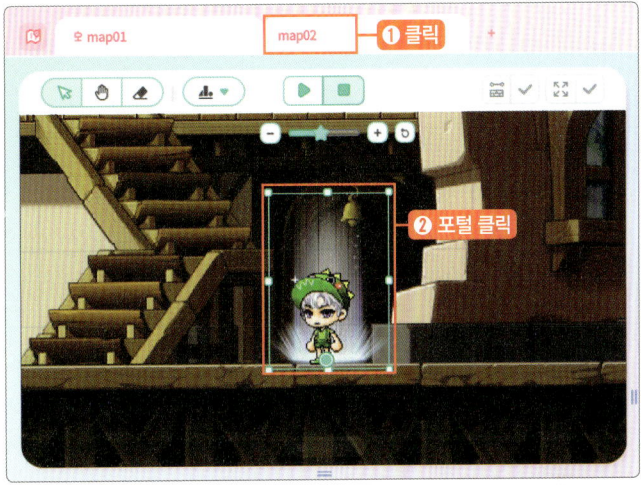

**미션 3** [포털1]의 블록을 확인하고 '아바타'에 닿고, ↑ 키를 누르고 있을 때 'map01'로 이동하도록 코드를 추가해요.

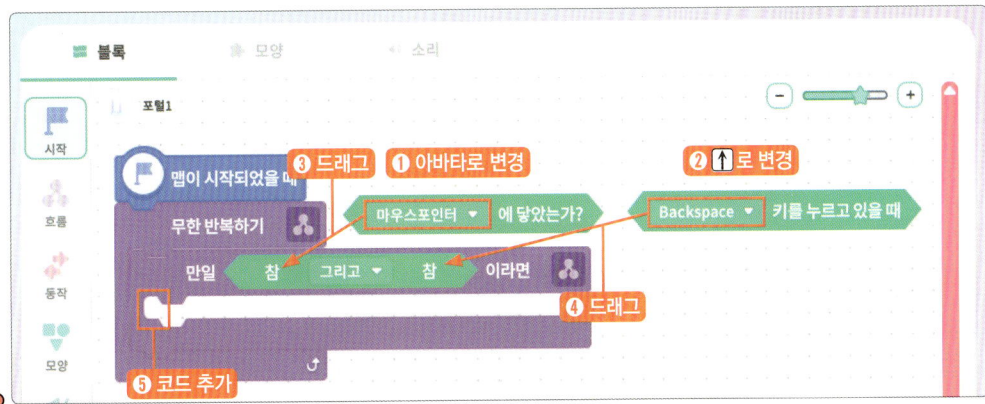

**힌트** 'map01'로 이동하는 블록은 [시작] 블록에 있어요.

CHAPTER 05 사과를 따서 동생에게 가져다주자! • **039**

# CHAPTER 06 무시무시한 몬스터 속 정령을 구해주자!

🚩 불러올 파일 : 6차시 정령 구하기.mod   🚩 완성된 파일 : 6차시 정령 구하기(완성).mod

### 학습목표
◆ 목표지점까지 가기 위해 포털을 설치하고 이동하는 방법을 익히자.
◆ 한 개의 맵 안에서 포털을 사용하기 위해 신호 보내는 방법을 익히자.

### 비밀의 숲 탐험대 이야기

깊은 숲속, 길을 잃은 정령이 애타게 도움을 기다리고 있어요. 하지만 숲속에는 무서운 몬스터들이 길을 지키고 있어요.

몬스터를 마주치면 Ctrl 키를 눌러 공격할 수 있어요. 길을 잃은 정령을 발견하면 Z 키를 눌러 구조해 주세요.

정령을 데리고, 숲의 끝에 있는 정령 모임 장소까지 함께 이동해야 해요. 그런데 길이 중간에 끊겨 있어 높은 곳으로 올라가야만 합니다.

포털 오브젝트를 설치하고 포털을 사용해서 높은 곳으로 올라갈 수 있어요.
길을 잃은 정령을 무사히 정령들이 있는 곳 까지 데려다주면 미션 성공이에요!

높은 곳에 올라갈 수 있도록 포털을 설치하자!

1. 헬로메이플에서 [6차시 정령 구하기.mod] 파일을 불러온 후, 월드 이름을 '6차시 정령 구하기'로 저장해요.

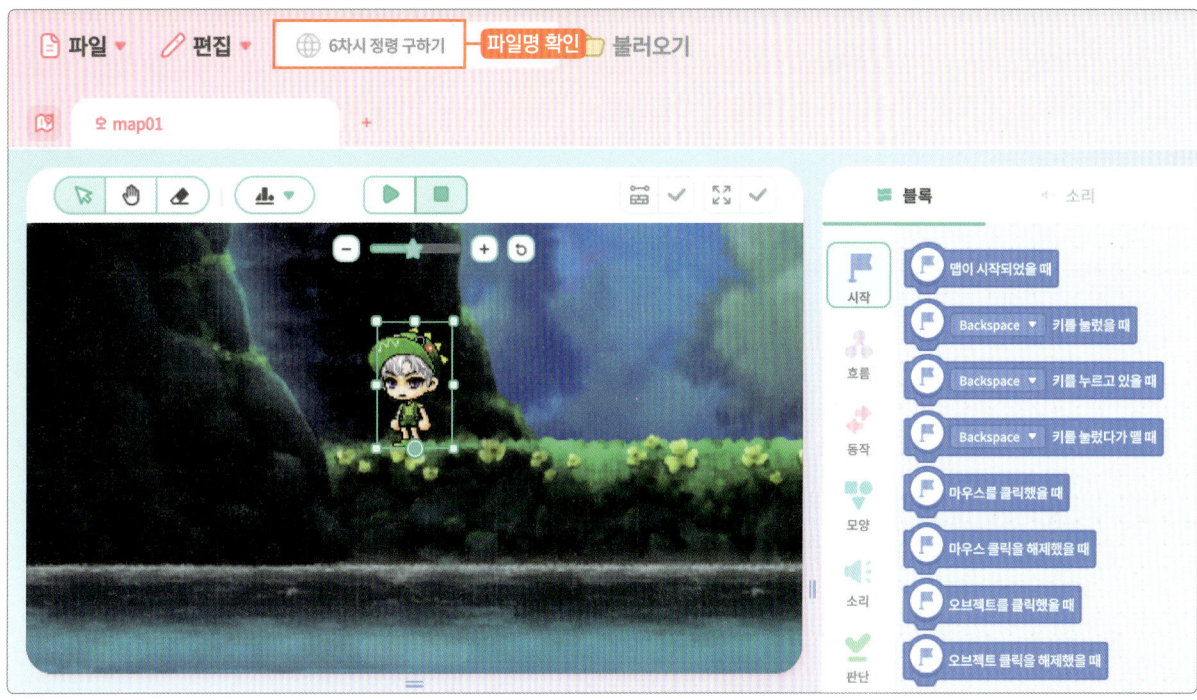

2. 실행 화면에서 [축소(-)]를 클릭해서 화면의 크기를 줄여요. 이어서, [화면 이동 커서(✋)]를 클릭하고 그림과 같이 화면의 위치를 변경해요.

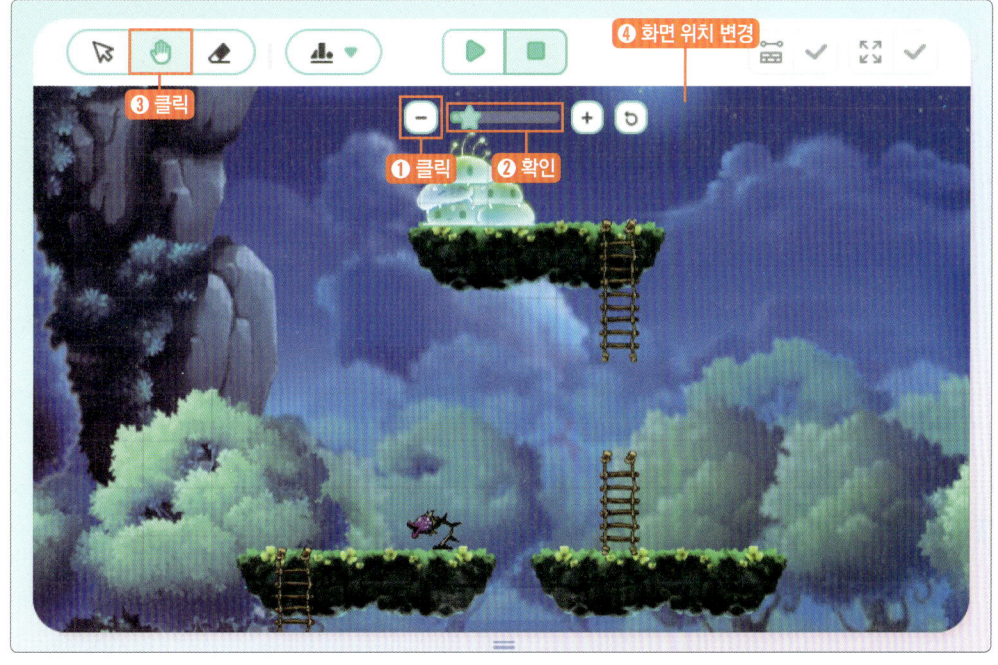

CHAPTER 06 무시무시한 몬스터 속 정령을 구해주자! • 041

3 [추가하기(+)]-[오브젝트 추가하기]를 클릭하고 [공간]-[포털1]과 [포털2]를 클릭해요. 이어서, 그림과 같이 배치해요.

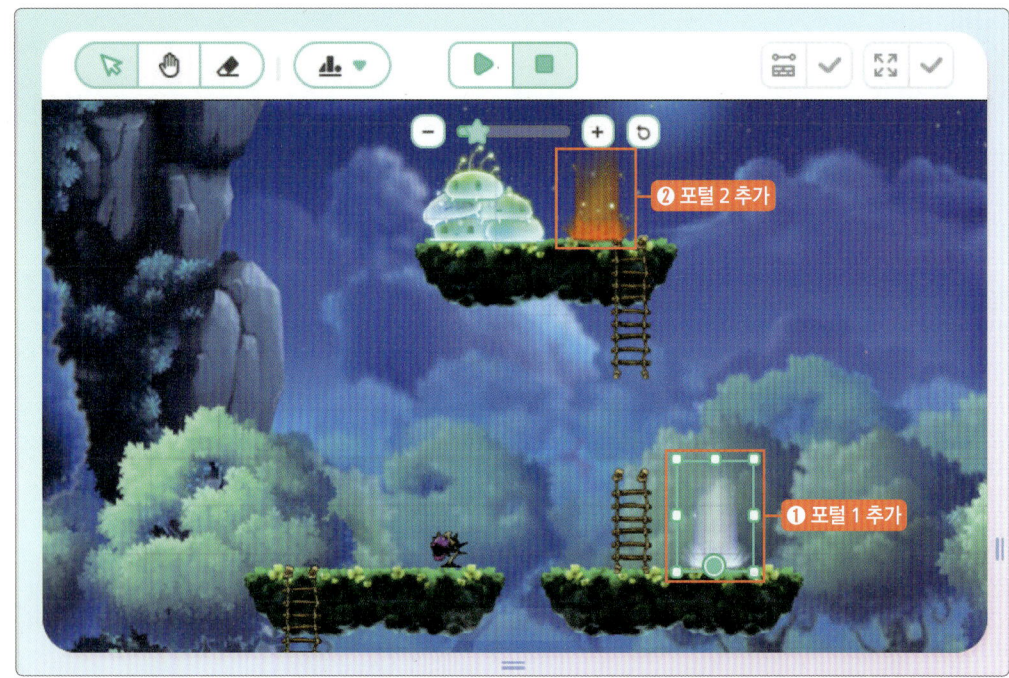

## 02 포털과 포털을 연결하자!

1 [포털1]을 클릭하고 [시작] 및 [흐름] 블록을 이용하여 다음과 같이 연결해요. 이어서, 신호의 이름은 [포털]로 입력해요.

※ 맵이 시작되었을 때 다음 기능을 실행해요.
 - 무한 반복하기
 - 만일 참이라면
 - 포털 신호를 보낸다.

**2** 이어서, [판단] 블록을 사용하여 다음과 같이 연결해요.

※ 만일 '포털1'에 '아바타'가 닿았고 ↑ 키를 누르고 있을 때 포털 신호를 보내요.

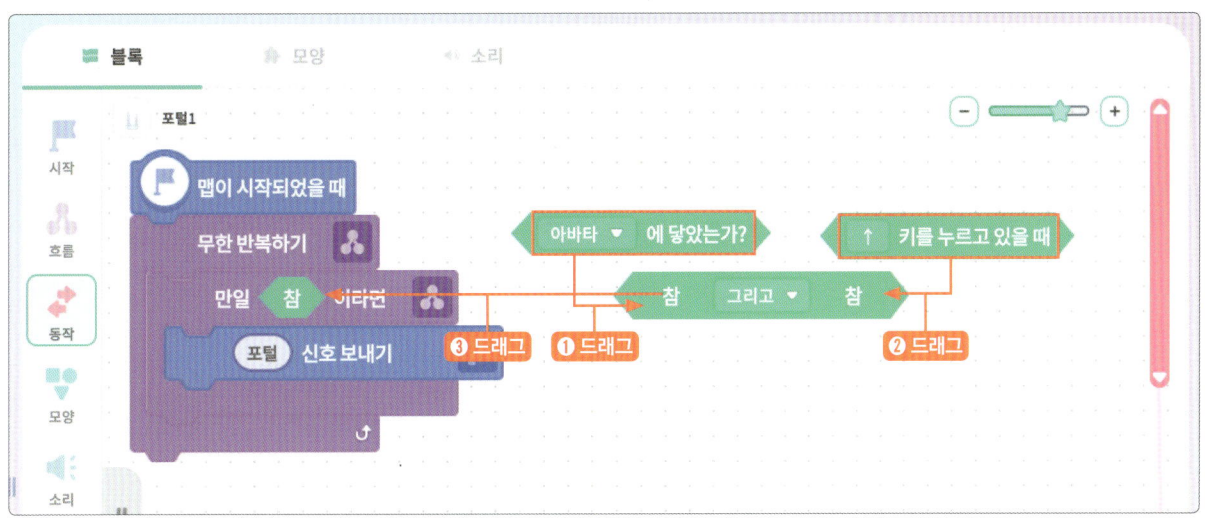

**3** [아바타]를 클릭하고 미리 조립된 코드를 확인해요.

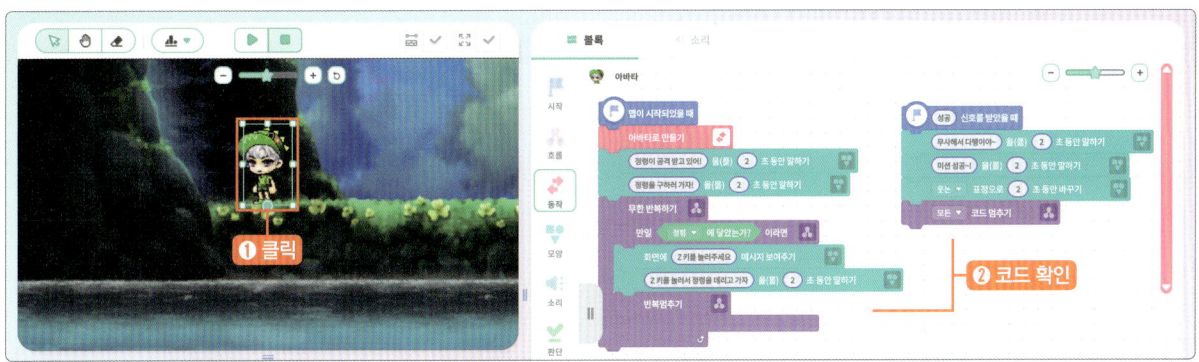

**헬로메이플 TiP!**

블록 조립소에서 마우스 오른쪽 단추를 누르고 [정렬]을 클릭하면 미리 작성된 코드를 볼 수 있어요.

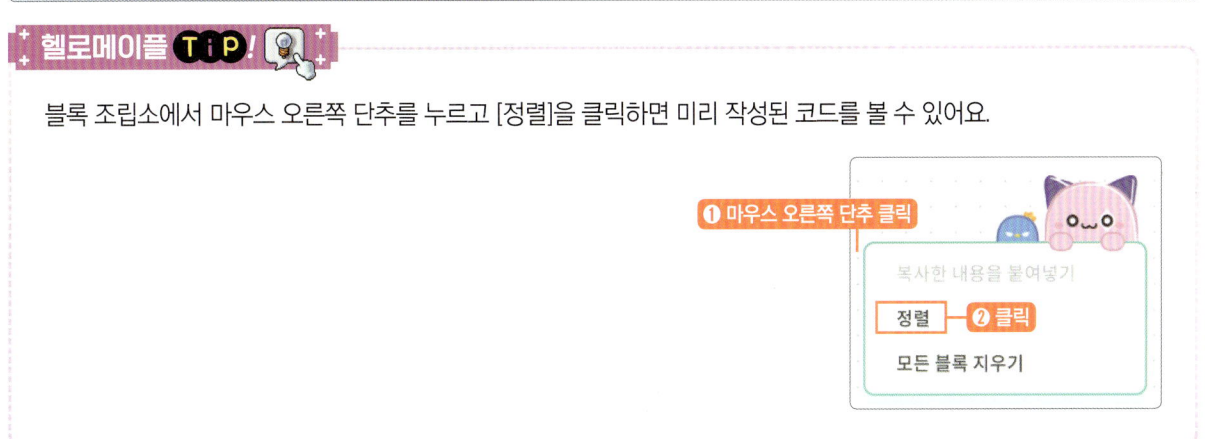

CHAPTER 06 무시무시한 몬스터 속 정령을 구해주자! • **043**

4 [아바타]를 클릭하고 [시작]과 [동작] 블록을 이용하여 코드를 추가해요. 이어서, 신호의 이름은 '포털'로 변경하고, '포털2' 위치로 이동하도록 변경해요.

※ '포털' 신호를 받았을 때 '아바타'는 '포털2' 위치로 이동해요.

5 [시작하기(▶)]를 클릭하고 무시무시한 몬스터 속 정령을 구해주세요! 끊어진 사다리 대신 포털을 이용하면 높은 곳을 올라갈 수 있어요!

# CHAPTER 06 헬로메이플에서 미션 성공하기!

▶ 불러올 파일 : 6차시 미션.mod   ▶ 완성된 파일 : 6차시 미션(완성).mod

💡 헬로메이플 퀴즈에 도전해보자!

**미션 1** [불러올 파일]-[CHAPTER 06]-[6차시 미션.mod] 파일을 선택하고 월드의 이름은 [6차시 미션]으로 저장해요.

**미션 2** [추가하기(+)]-[오브젝트 추가하기]를 클릭하고 [공간]-[포털10]을 추가해요. 이어서, 위치(X: -580, Y: -25)를 설정해요.

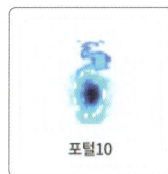
포털10

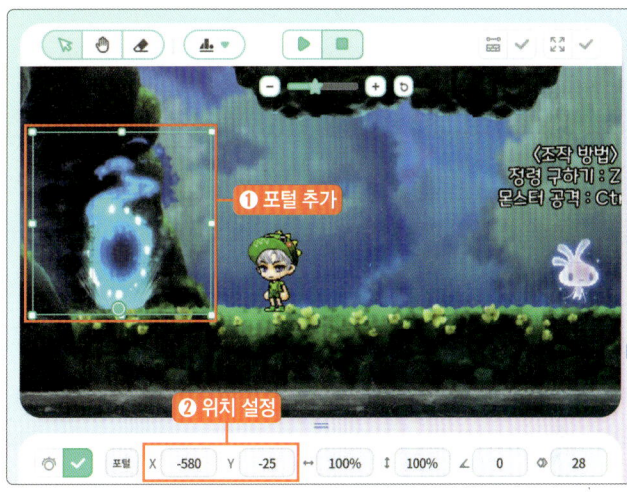
❶ 포털 추가
❷ 위치 설정

**미션 3** [포털10]을 클릭하고 만일 '아바타'에 닿았는가? 그리고 A 키를 누르고 있을 때 라면 '지름길' 신호를 보내도록 코드를 추가해요.

※ '지름길' 신호를 받으면 아바타가 '포털1'의 위치로 이동해요.

❶ 코드 추가   ❷ '아바타'에 닿았는가?   ❸ A 키를 누르고 있을 때   ❹ '지름길' 입력

CHAPTER 06 무시무시한 몬스터 속 정령을 구해주자! • **045**

# CHAPTER 07 좀비 무리 속에서 요정을 구하자!

🚩 불러올 파일 : 7차시 몬스터.mod  🚩 완성된 파일 : 7차시 몬스터(완성).mod

### 학습목표
- 좀비 오브젝트를 추가하고 공격하는 모양으로 바꾸는 코드를 작성하자.
- Z 키로 요정을 구조하고, Ctrl 키로 좀비를 공격해 안전하게 이동하자.

### 비밀의 숲 탐험대 이야기

나무가 울창하게 우거진 숲 속, 집으로 가는 길목에 요정의 다급한 목소리가 들려옵니다.
"도와줘요! 좀비들이 저를 둘러싸고 있어요!"

맵이 시작되면 요정을 공격하려는 좀비 무리가 몰려옵니다. 요정을 구하고 목표 지점인 집 앞까지 무사히 가려면 용감하게 맞서야 해요.

좀비에게 다가간 뒤 Ctrl 키를 눌러 공격 모션으로 바꿔서 좀비를 물리쳐 주세요.

요정에게 다가가서 Z 키를 누르면 요정을 안전하게 구조할 수 있어요. 모든 좀비를 해치우고 요정을 구한 뒤, 요정과 함께 집 앞까지 이동해 보세요. 요정을 집 앞까지 무사히 데려다주면 미션 성공이에요!

## 01 무시무시한 좀비를 추가해보자!

1. 헬로메이플에서 [7차시 몬스터.mod] 파일을 불러온 후, 월드 이름을 '7차시 몬스터'로 저장해요.

2. 실행 화면에서 [화면 이동 커서(🖐)]를 클릭하고 그림과 같이 화면의 위치를 변경해요.

**CHAPTER 07** 좀비 무리 속에서 요정을 구하자! • **047**

**3** [추가하기( )]-[오브젝트 추가하기]를 클릭하고 [몬스터]-[헬멧 쓴 좀비]를 클릭해요. 이어서, 위치(X: -1400, Y: -500)를 설정해요.

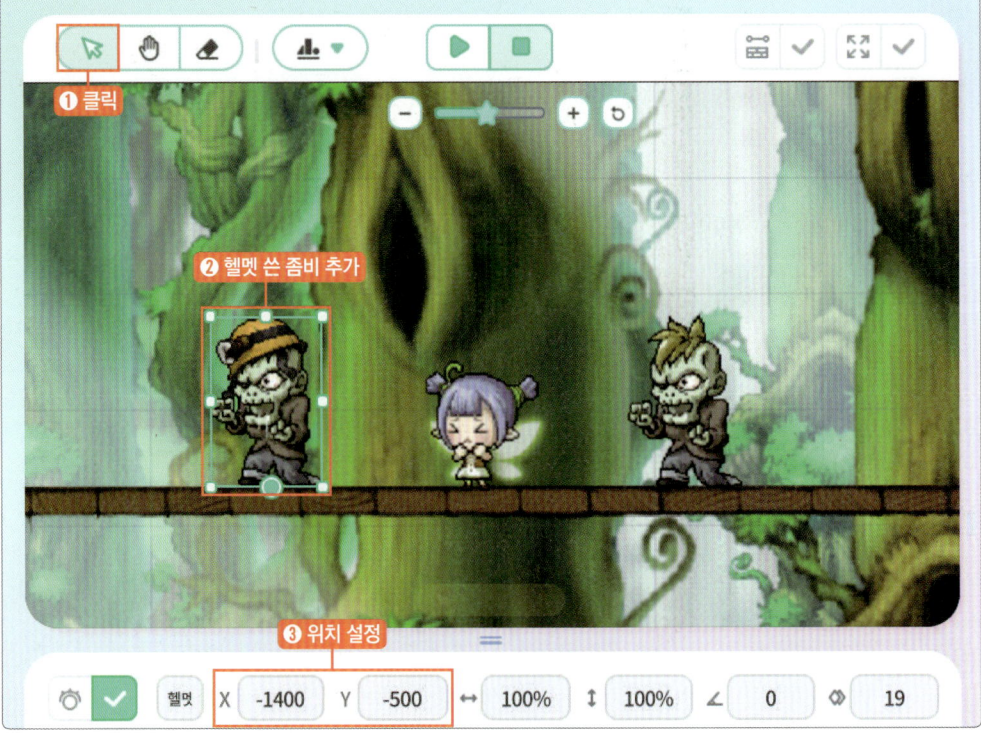

## 02 좀비가 공격하는 모습으로 설정하자!

**1** [헬멧 쓴 좀비]를 클릭하고 [모양] 탭을 클릭하면 여러 가지 모양을 확인할 수 있어요. [공격] 모양에서 [반전]-[좌우반전( )]을 클릭해요.

※ [모양] 탭에는 아바타의 여러 모양을 확인할 수 있고, 색상과 반전도 사용할 수 있어요.

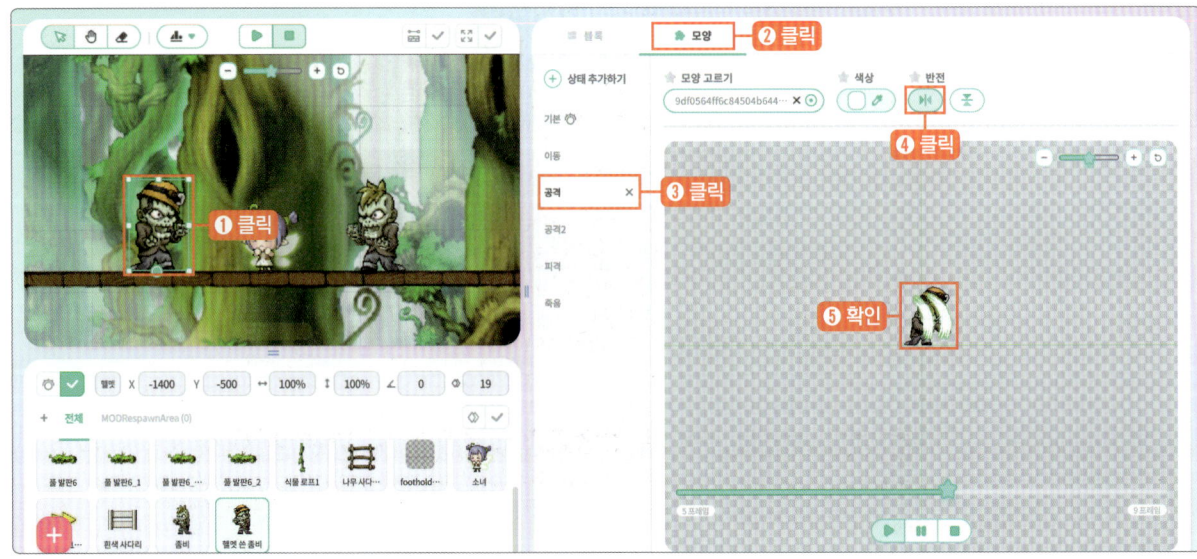

**2** [블록] 탭을 클릭하고 [시작]과 [모양] 블록을 사용해서 그림과 같이 코드를 추가해요.

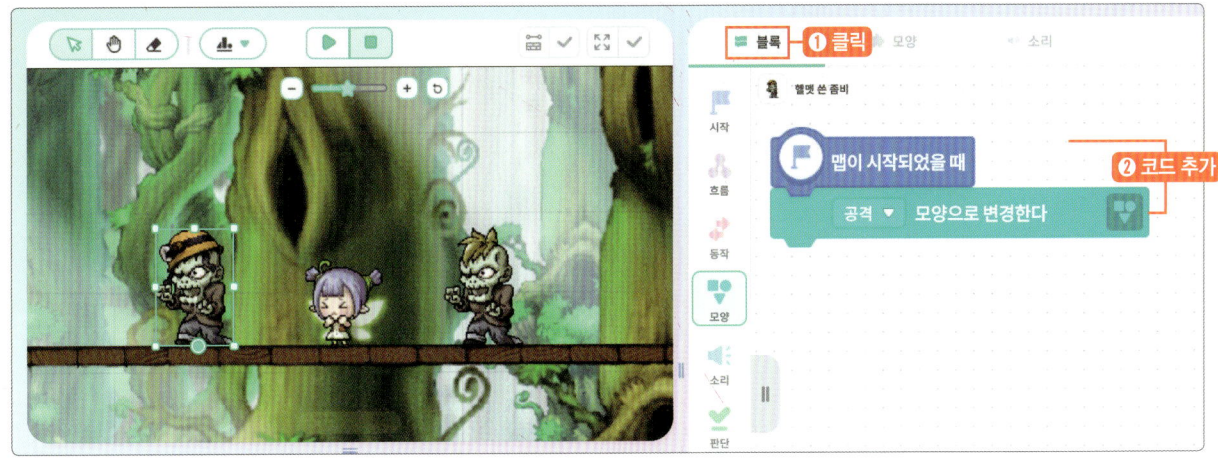

※ 맵이 시작되었을 때 '공격' 모양으로 변경돼요.

| 맵 시작 전 | 맵 시작 후 |
|---|---|

**3** [판단]과 [모양] 블록을 사용해서 '아바타'에 닿았는가? 그리고 Ctrl 키를 누르고 있을 때 모양이 숨겨지도록 코드를 추가해요.

CHAPTER 07 좀비 무리 속에서 요정을 구하자!

**4** [시작하기(▶)]를 클릭하고 무시무시한 좀비의 모양을 확인해 주세요!

**5** 무시무시한 좀비를 공격하려면 Ctrl 키를 눌러주세요. 이어서, Z 키를 눌러 요정을 데리고 집까지 무사히 데려다 주면 미션 성공이에요~

# CHAPTER 07 헬로메이플에서 미션 성공하기!

🚩 불러올 파일 : 7차시 미션.mod    🚩 완성된 파일 : 7차시 미션(완성).mod

💡 **헬로메이플 퀴즈에 도전해보자!**

**미션 1**  [불러올 파일]-[CHAPTER 07]-[7차시 미션.mod] 파일을 선택하고 월드의 이름은 [7차시 미션]으로 저장해요.

**미션 2**  [추가하기()]-[오브젝트 추가하기]를 클릭하고 [동물]-[뱀]을 추가해요. 이어서, 위치(X: -850, Y: 690)를 설정해요.

뱀

**미션 3**  [뱀]을 클릭하고 만일 '아바타'에 닿았는가? 그리고 Ctrl 키를 누르고 있을 때라면 '죽음' 모양으로 변경하고, 0.5초 뒤에 모양을 숨겨지도록 코드를 추가해요.

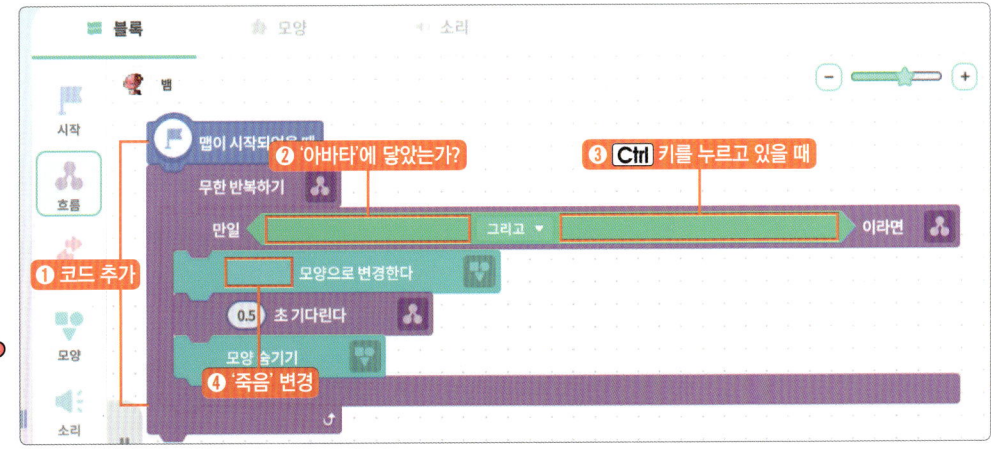

# CHAPTER 08 코딩 모험 중간 체크포인트!

🚩 불러올 파일 : 8차시 원숭이.mod   🚩 완성된 파일 : 8차시 원숭이(완성).mod

**미션 1**  [불러올 파일]-[CHAPTER 08] 폴더에 있는 [8차시 원숭이.mod] 파일을 선택하고 월드의 이름은 [8차시 미션]으로 저장해요.

※ 맵 설명 : 수풀에 숨어있는 아기 원숭이를 맨 위에 있는 엄마 원숭이에게 데려다줘야해요. 엄마 원숭이까지 가는 길에는 함정도 있고 무시무시한 좀비가 있어요. 조심조심 안전하게 데려다주세요!

**미션 2**  화면의 크기와 위치를 변경하고 [추가하기(+)]-[오브젝트 추가하기]를 클릭해서 [공간]-[포털1]과 [포털2]를 추가해요.

**미션 3** [포털1]에 맵이 시작되었을 때 만일 '아바타'에 닿았는가? 그리고 ↑ 키를 누르고 있을 때라면 '포털' 신호를 보내도록 코드를 추가해요.

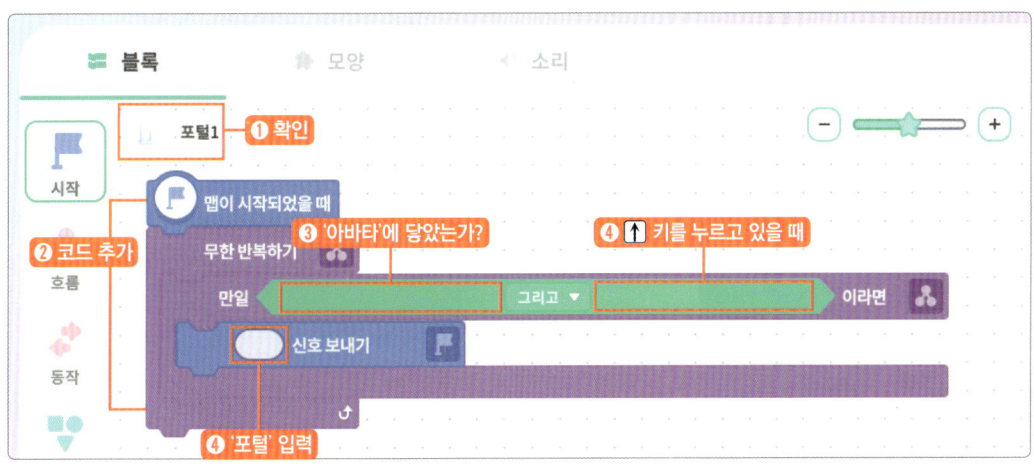

**미션 4** [아바타]를 클릭하고 '포털' 신호를 받았을 때 '포털2'의 위치로 이동하도록 코드를 추가해요.

**미션 5** [시작하기(▶)]를 클릭하고 수풀 속에 있는 아기 원숭이를 데리고 맨 위에 있는 엄마 원숭이에게 조심히 데려다주세요. 가는 길에 함정이 있으니 조심하세요!

# CHAPTER 09
## 보물 상자 속 불가사리를 찾아보자!

🚩 불러올 파일 : 9차시 보물찾기.mod    🚩 완성된 파일 : 9차시 보물찾기(완성).mod

- 보물상자 오브젝트를 추가하고 클릭 시 사라지게 하자.
- 불가사리를 찾아 바닷속으로 들어가는 포털(사다리)을 나타나게 하자.

### 비밀의 숲 탐험대 이야기

잔잔한 바다 위에 낚시꾼이 다가와 말을 걸어요. "이 근처 보물상자 안에 불가사리가 숨어있단다. 불가사리를 찾아 클릭하면 바닷속으로 들어가는 포털이 열릴 거야. 행운을 빈다네!"

바다 위에는 보물상자 5개가 놓여 있어요.
하나씩 클릭하면 보물상자가 사라지고, 상자 안에는 각각 불가사리가 한 마리씩 숨어 있습니다.

특정 불가사리를 클릭했을 때 바닷속으로 들어가는 사다리가 보이도록 신호를 보냅니다.

사다리를 타고 내려가면 신비로운 아쿠아 마을이 눈앞에 펼쳐집니다.
마을 곳곳을 구경하고 탐험을 완료하면 미션 성공이에요.

## 01 바닷속으로 들어가는 신호를 보내자!

**1** 헬로메이플에 로그인하고 [아바타]를 클릭해요. 이어서, 옷의 이름을 확인하고 옷을 구매해요.

**2** [만들기]-[새로 만들기]를 클릭한 다음 [9차시 보물찾기.mod] 파일을 불러온 후, 월드 이름을 '9차시 보물찾기'로 저장해요.

CHAPTER 09 보물 상자 속 불가사리를 찾아보자! • **055**

3 [불가사리_1_1]를 클릭하고 말풍선 내용을 '딩동댕~ 바다로 가는 길을 열어줄게!'라고 입력해요. 이어서, [시작]- 신호 보내기 블록을 추가하고 '바다'로 변경해요.

※ 오브젝트를 클릭했을 때 다음 기능을 실행해요.
  - '딩동댕~ 바다로 가는 길을 열어줄게!'를 3초 동안 말하고
  - '바다' 신호 보내기

4 화면의 크기와 위치를 조절한 다음 [추가하기( )]-[오브젝트 추가하기]를 클릭하고 [공간]-[나무 사다리1]을 클릭해요. 이어서, 그림과 같이 바닷속으로 들어가도록 사다리를 설치해요.

5 [나무 사다리1]을 클릭하고 [블록] 탭에서 [시작]과 [모양] 블록을 이용하여 다음과 같이 연결해요. 이어서, '바다' 신호로 변경해요.

※ 맵이 시작되었을 때 다음 기능을 실행해요.
– 오브젝트 끄기 (사다리 오브젝트의 모양이 보이지 않고 사용할 수도 없어요.)

※ 바다 신호를 받았을 때
– 오브젝트 켜기 (사다리 오브젝트의 모양이 보이고 사다리를 사용할 수 있어요.)

## 02 클릭하면 사라지는 보물 상자를 추가하자!

1 화면의 크기와 위치를 조절한 다음 [추가하기( + )]–[오브젝트 추가하기]를 클릭하고 [물건]–[보물상자]를 클릭해요. 이어서, 그림과 같이 첫 번째 불가사리 위에 배치해요.

CHAPTER 09 보물 상자 속 불가사리를 찾아보자! • 057

**2** [보물상자]를 클릭하고 [블록] 탭에서 [시작]과 [모양] 블록을 이용하여 다음과 같이 연결해요.

※ [보물상자] 오브젝트를 클릭했을 때 모양을 숨겨요.

**3** [보물상자]를 마우스 오른쪽 단추로 클릭해서 [복제하기]를 클릭해요. 이어서, 그림과 같이 총 5개를 배치해요.

※ 복제하기 단축키 : Ctrl + D

**4** [시작하기(▶)]를 클릭하고 바닷속으로 들어가는 보물상자를 찾아 주세요!

| 장면 1 : 바다 위 | 장면 2 : 바닷속 |
|---|---|

# CHAPTER 09

## 헬로메이플에서 미션 성공하기!

▶ 불러올 파일 : 9차시 미션.mod   ▶ 완성된 파일 : 9차시 미션(완성).mod

💡 헬로메이플 퀴즈에 도전해보자!

**미션 1** [불러올 파일]-[CHAPTER 09]-[9차시 미션.mod] 파일을 선택하고 월드의 이름은 [9차시 미션]으로 저장해요.

**미션 2** [map02]에서 [몬스터]-[유령]을 추가하고 '오브젝트를 클릭했을 때 모양이 숨겨지도록' 코드를 추가해요.

**미션 3** 그림처럼 [유령] 오브젝트를 복제하여 배치해요.

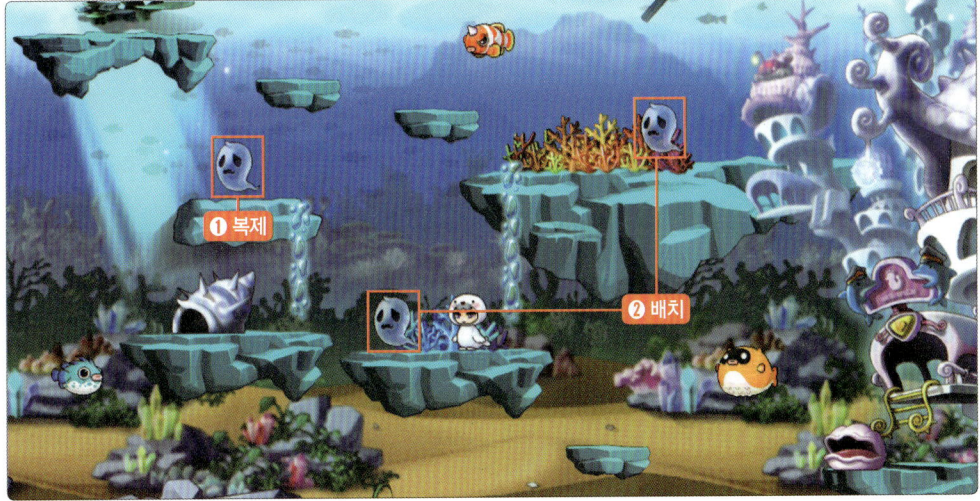

CHAPTER 09 보물 상자 속 불가사리를 찾아보자! • **059**

## CHAPTER 10 목마른 예티에게 시원한 음료를 전해주자!

▶ 불러올 파일 : 10차시 해변 퀴즈.mod    ▶ 완성된 파일 : 10차시 해변 퀴즈(완성).mod

### 학습목표
◆ 해변과 관련된 퀴즈를 만들고 정답에 따라 발판의 동작을 설정하자.
◆ 퀴즈에 대한 정답을 맞춘 다음 바나나 우유를 예티에게 전달하자.

### 비밀의 숲 탐험대 이야기

뜨거운 여름 햇살이 내리쬐는 해변이 펼쳐집니다. 반짝이는 모래 위에 앉아 배고픈 예티가 고개를 떨군 채 말해요.
"목이 너무 말라서 그러는데.. 웨이터에게 가서 음료 좀 받아줄래? 부탁할게..!"

하지만 웨이터에게 가는 길에는 해변에 관한 퀴즈가 기다리고 있어요.
정답을 맞히면 안전하게 지나갈 수 있지만, 오답을 고르면 발판이 사라져서 아래로 떨어지고 말아요.

정답을 맞춰서 웨이터에게 다가가면, 웨이터가 바나나 우유를 건네줍니다.
바나나 우유를 예티에게 가져다주면 미션 성공이에요!

## 01 해변과 관련된 퀴즈의 내용을 확인해 보자!

**1** 헬로메이플에서 [10차시 해변 퀴즈.mod] 파일을 불러온 후, 월드 이름을 '10차시 해변 퀴즈'로 저장해요.

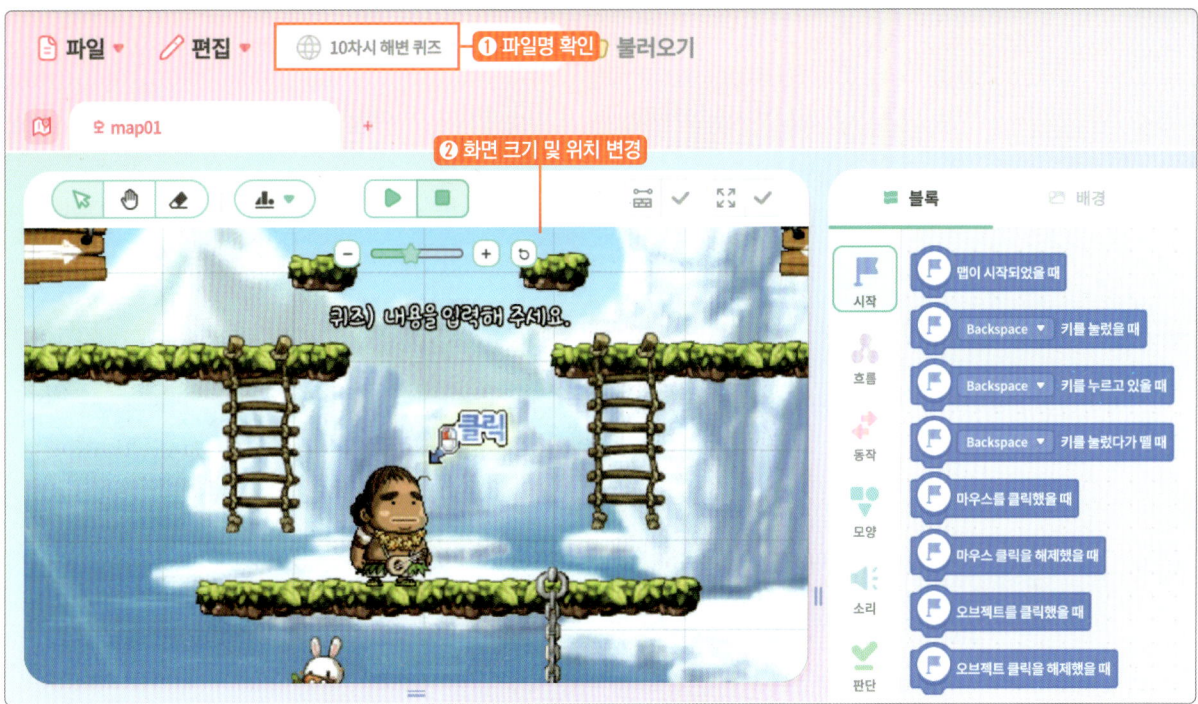

**2** [토푸]를 클릭하고 [블록] 탭에서 [시작]-`신호` `신호 보내기` 블록을 추가하고 '퀴즈'로 변경해요.

※ [토푸] 오브젝트에서 '퀴즈' 신호를 보내면 [글자_1] 오브젝트에서 신호를 받아서 [글자_1] 모양이 보일거에요.

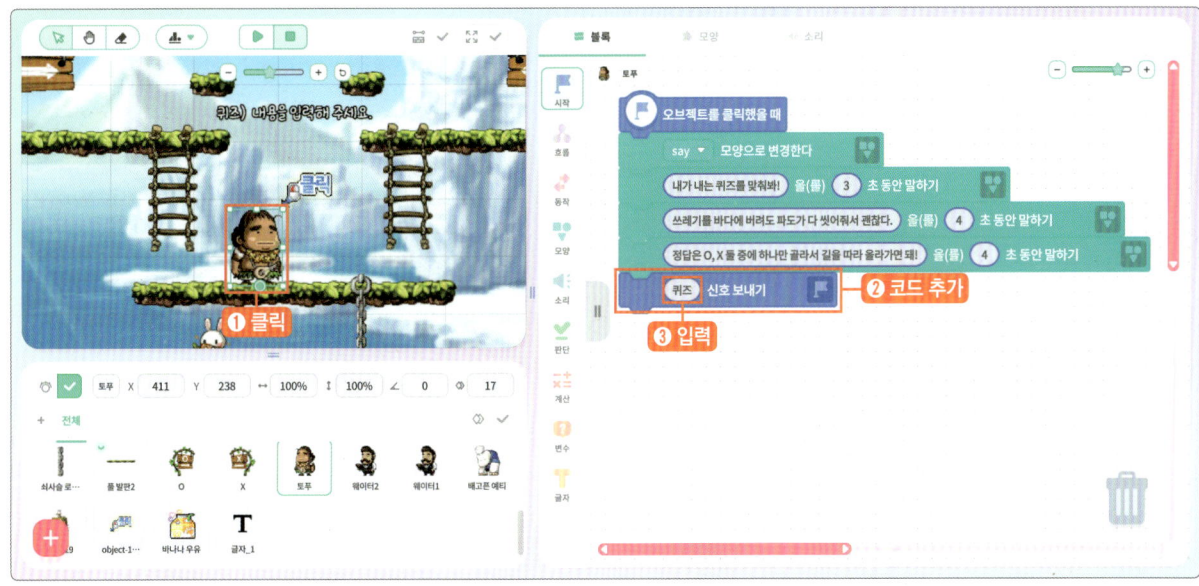

CHAPTER 10 목마른 예티에게 시원한 음료를 전해주자! • **061**

3 퀴즈 내용을 드래그하여 복사해요.

※ 복사하기 단축키 : Ctrl + C

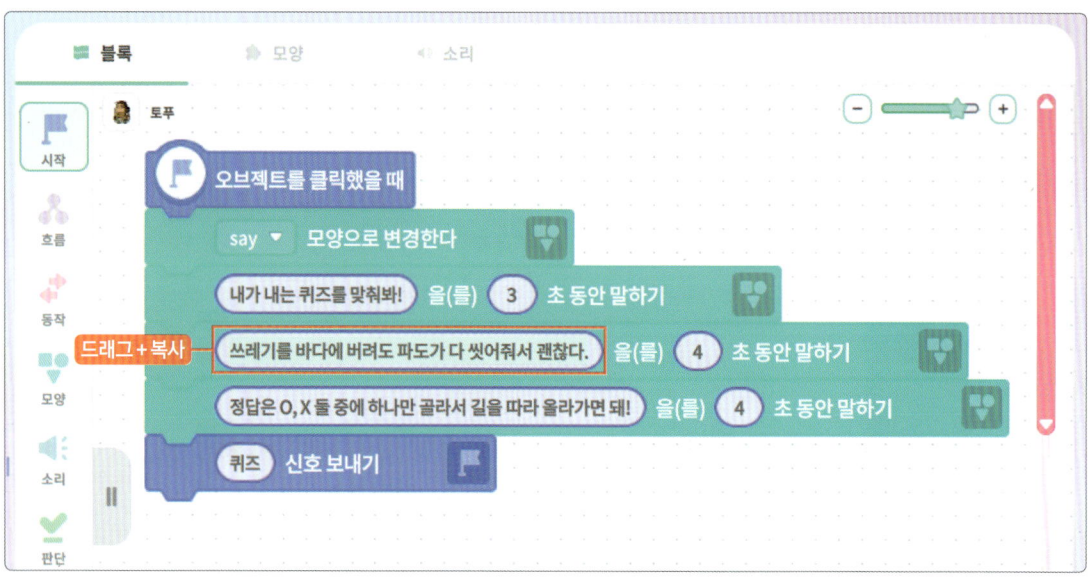

4 [글자_1]를 클릭하고 [글자] 탭에서 '내용을 입력해 주세요.'를 지운 다음 퀴즈 내용을 붙여 넣어요.

※ 붙여넣기 단축키 : Ctrl + V

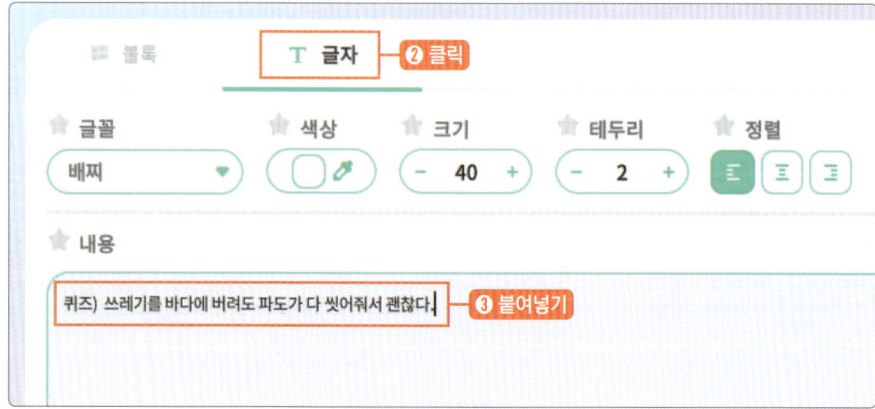

## 02 함정 발판을 설치해 보자!

**1** 퀴즈에 대한 정답을 생각해 볼까요?

**퀴즈)** 쓰레기를 바다에 버려도 파도가 다 씻어줘서 괜찮다. ( O , X )
- **오답일 때** : 함정 발판을 설치해서 웨이터에게 가지 못하도록 발판을 없애요.
- **정답일 때** : 웨이터에게 바나나 우유를 받아서 예티에게 가져다주면 미션 성공이에요.

**2** [함정 발판]을 클릭하고 [블록] 탭에서 [시작], [흐름], [판단], [모양] 블록을 사용해서 다음과 같이 연결해요.

※ 맵이 시작되었을 때 다음 기능을 실행해요.
– 만일 아바타에 닿았다면 오브젝트 끄기

**여기서 잠깐!**

◆ [모양 숨기기] 블록 사용할 때
→ 모양은 보이지 않지만 발판으로 이용할 수 있어요.

◆ [오브젝트 끄기] 블록 사용할 때
→ 모양이 보이지 않고 발판으로도 이용할 수 없어요.

# 03 시원한 바나나 우유를 예티에게 전달하자!

**1** [배고픈 예티]를 클릭하고 미리 조립된 코드를 확인해요. 이어서, [판단]-'바나나 우유'에 닿았는가? 블록을 추가하고, [시작]-'성공' 신호 보내기 블록을 추가해요.

※ 맵이 시작되었을 때 다음 기능을 실행해요.
- speak(말하기) 모양으로 변경하면서 게임에 대한 설명을 말해요.
- 만일 바나나 우유에 닿으면 성공 신호를 보내요.

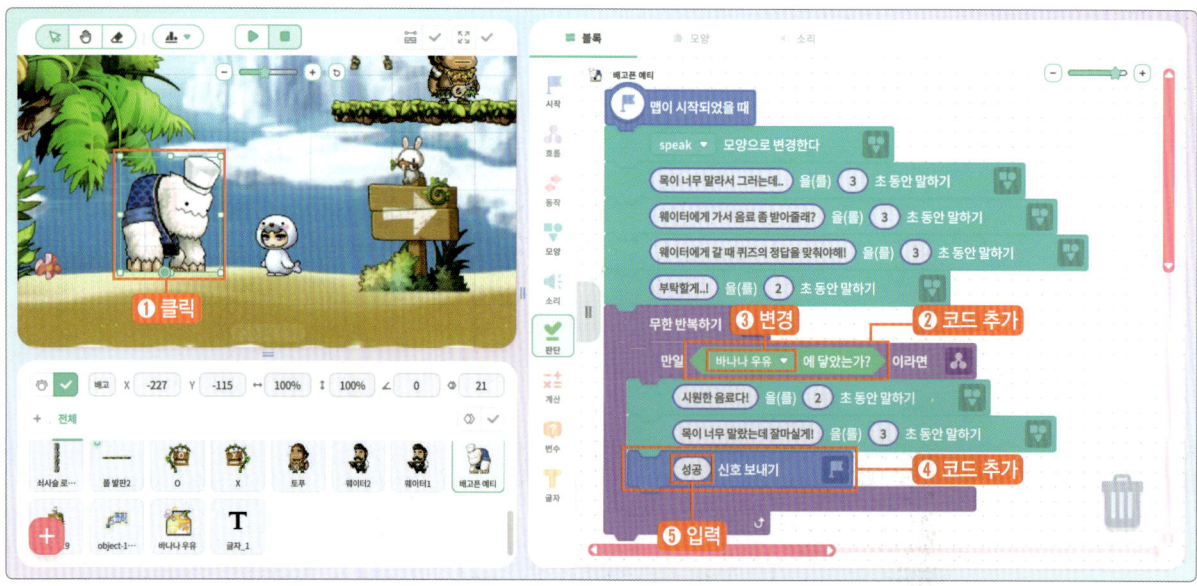

**2** [아바타]를 클릭하고 [시작]과 [모양] 블록을 추가해요.

※ 성공 신호를 받았을 때 다음 기능을 실행해요.
- 초롱초롱한 표정으로 미션 성공!이라고 2초 동안 말해요.

**3** [시작하기(▶)]를 클릭하고 배고픈 예티에게 바나나 우유를 전달해 주세요! 웨이터에게 바나나 우유를 받기 위해서는 퀴즈의 정답을 맞혀야 해요!

# CHAPTER 10 헬로메이플에서 미션 성공하기!

🚩 불러올 파일 : 10차시 미션.mod　　🚩 완성된 파일 : 10차시 미션(완성).mod

💡 **헬로메이플 퀴즈에 도전해보자!**

**미션 1**　[불러올 파일]-[CHAPTER 10]-[10차시 미션.mod] 파일을 선택하고 월드의 이름은 [10차시 미션]으로 저장해요.

**미션 2**　[토푸]를 클릭한 다음 퀴즈 내용을 추가하고 [글자_1] 내용도 수정해요.

　- 퀴즈 내용 : 음식물 찌꺼기도 바닷물에 해를 끼칠 수 있다.

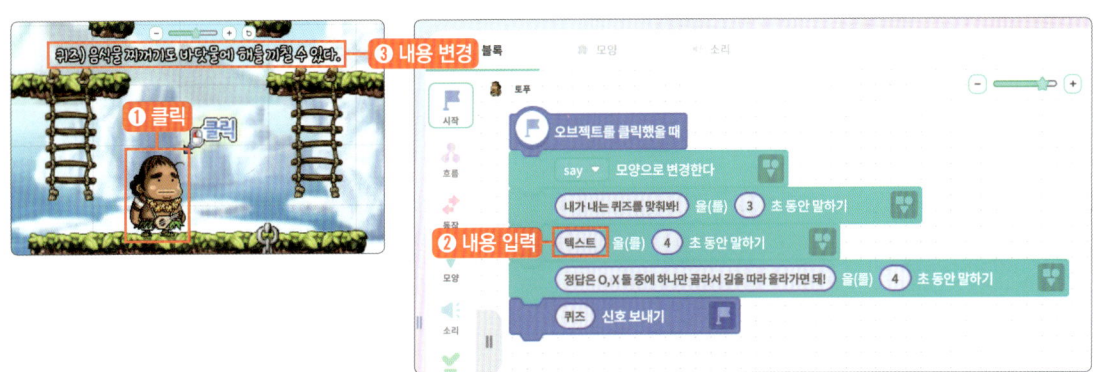

**미션 3**　퀴즈에 대한 정답을 O, X로 설정해서 [함정 발판] 또는 [함정 발판2]에 '맵이 시작되었을 때 만일 아바타에 닿았다면 오브젝트 끄기'가 되도록 코드를 추가해요.

　- 정답이 O일 때, [함정 발판2]에 코드 추가하기
　- 정답이 X일 때, [함정 발판]에 코드 추가하기

CHAPTER 10 목마른 예티에게 시원한 음료를 전해주자! • **065**

# CHAPTER 11 바다를 깨끗하게 지키자!

🚩 **불러올 파일** : 11차시 바다 쓰레기.mod  🚩 **완성된 파일** : 11차시 바다 쓰레기(완성).mod

### 학습목표
- 쓰레기 오브젝트를 주우면 변수 값이 증가하도록 코딩하자.
- 쓰레기를 모두 모으면 퀴즈를 내고 대답을 기다려보자.

### 비밀의 숲 탐험대 이야기

깊은 바닷속에 도착하자, 걱정스러운 얼굴의 아저씨가 다가옵니다.

"바다의 쓰레기가 너무 많아… 쓰레기로 인해 해양 동물들이 힘들어하구나… 바다 쓰레기를 주워주겠니?"

바닷속을 탐험하며 총 5개의 쓰레기를 찾아야 합니다. 바닷속 곳곳에 놓인 쓰레기를 찾아 Z 키를 눌러 주워보세요.

쓰레기를 주울 때마다 쓰레기 변수가 1씩 증가합니다. 길을 건너려면 좌우로 움직이는 발판을 타고 조심히 이동해야 해요. 쓰레기를 모두 모았다면 마지막으로 퀴즈에 도전해 보세요!

## 01 바닷속 쓰레기를 주워보자!

**1** 헬로메이플에서 [11차시 바다 쓰레기.mod] 파일을 불러온 후, 월드 이름을 '11차시 바다 쓰레기'로 저장해요.

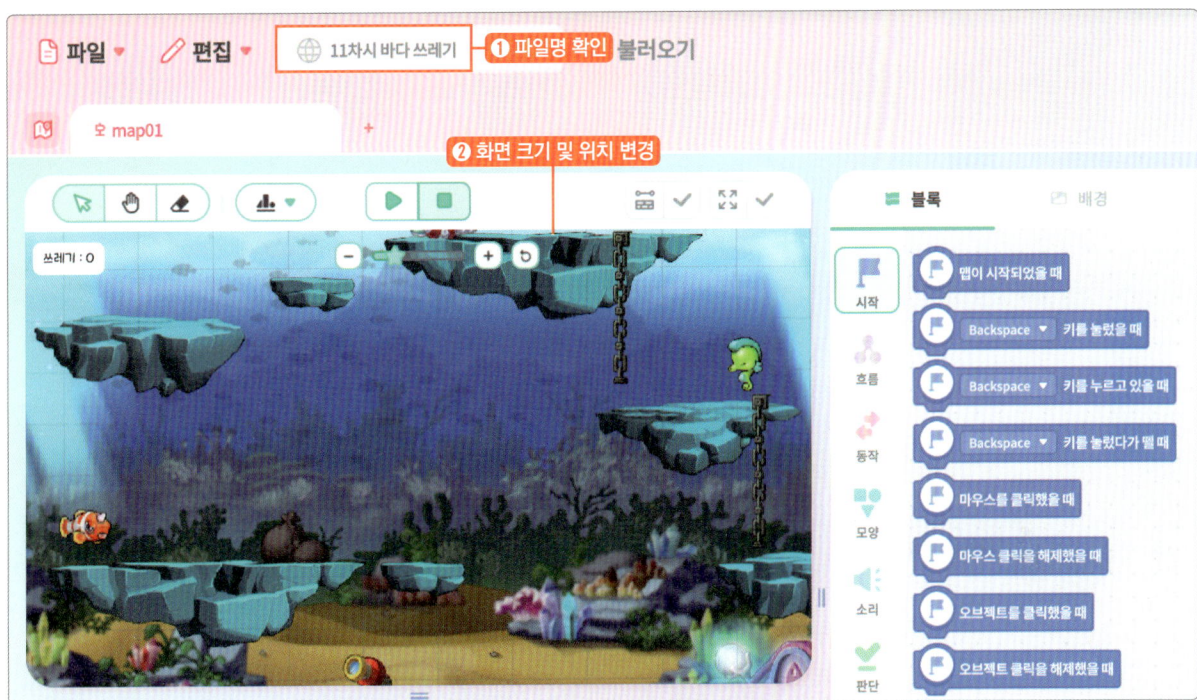

**2** 실행 화면에 '쓰레기' 변수를 확인해요. [블록] 탭의 [변수]를 클릭하면 쓰레기 변수를 확인할 수 있어요.

※ (편집)을 누르면 변수의 속성을 볼 수 있어요.

CHAPTER 11 바다를 깨끗하게 지키자! • 067

3  [쓰레기 2]를 클릭하고 [블록] 탭에서 [시작], [흐름], [판단], [모양], [변수] 블록을 사용해서 다음과 같이 연결해요.

※ 맵이 시작되었을 때 다음 기능을 실행해요.
 – 만일 아바타에 닿았고, Z 키를 누르고 있을 때라면
  ‥ 모양을 숨기고 쓰레기 변수에 1 만큼 더해요.

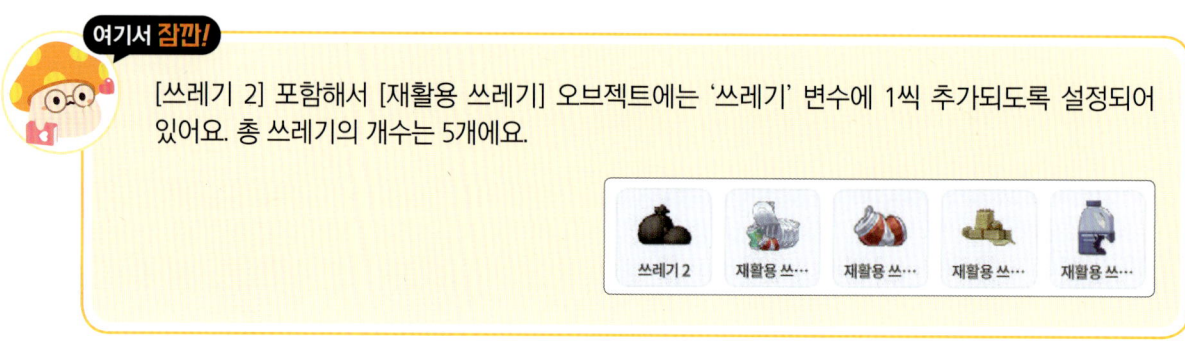

[쓰레기 2] 포함해서 [재활용 쓰레기] 오브젝트에는 '쓰레기' 변수에 1씩 추가되도록 설정되어 있어요. 총 쓰레기의 개수는 5개에요.

4  [시작하기(▶)]를 클릭하고 Z 키를 눌러서 쓰레기를 주울 수 있어요. 쓰레기를 주우면 쓰레기 변수가 1씩 증가해요.

※ 쓰레기를 주워 변수의 값이 증가하는지 확인하고 [멈추기(■)]를 클릭해요.

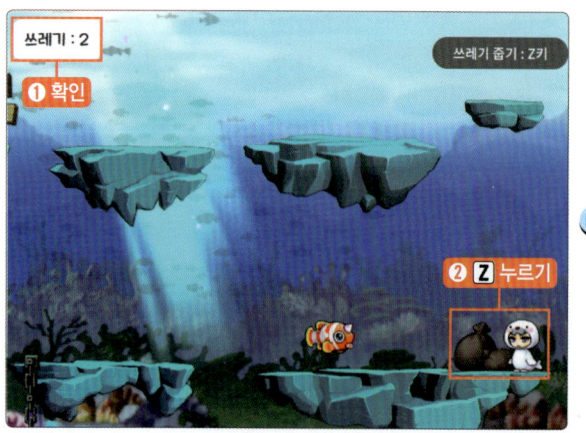

## 02 총 쓰레기의 개수는 몇 개일까?

**1** [청소 담당]을 클릭하고 `1 = 1` 블록 안에 `쓰레기` 블록을 조립한 다음 '5'가 되도록 수정해요.

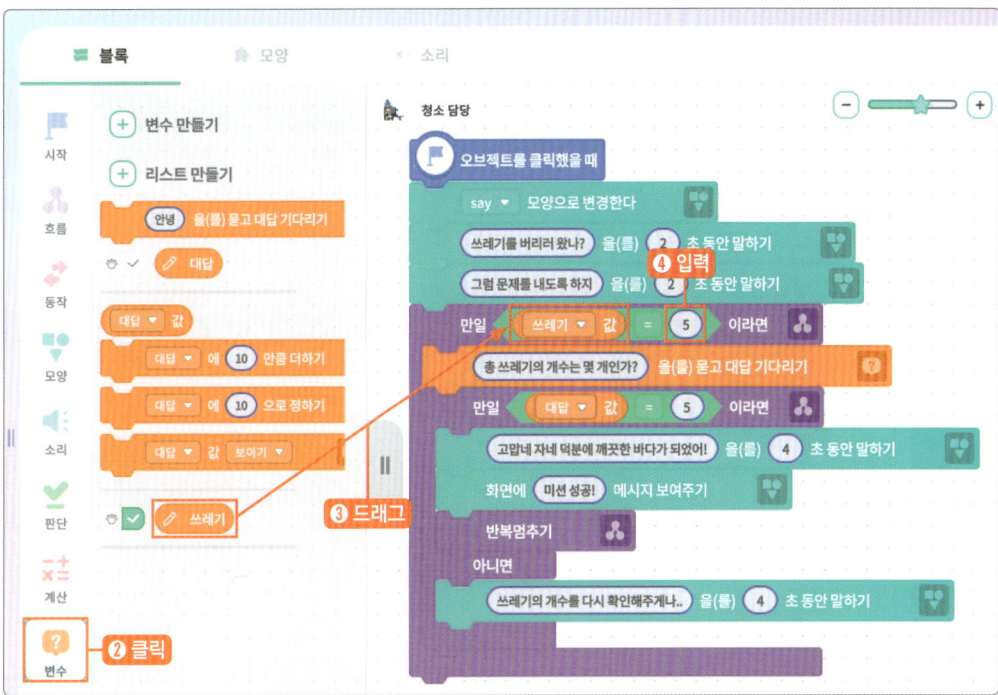

### 여기서 잠깐!

◆ [청소 담당]의 코드 중 '쓰레기' 값이 '5'라면 '총 쓰레기의 개수는 몇 개인가?'라는 질문을 해요. (만일 '쓰레기' 값이 5가 아니면 질문을 하지 않아요. 모든 쓰레기를 줍고 [청소 담당]을 다시 클릭해 주세요.)

◆ 질문에 대한 대답이 '5'라면 '미션 성공!'이고, 그렇지 않으면 쓰레기의 개수를 다시 확인하라고 말해요.

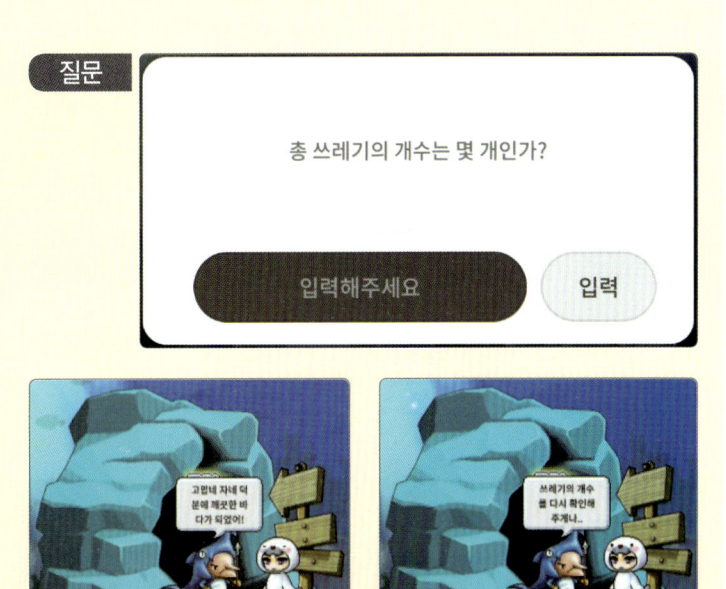

→ 대답이 5일 때    → 대답이 5가 아닐 때

**CHAPTER 11** 바다를 깨끗하게 지키자! • **069**

## 03 움직이는 발판을 만들자!

**1** [이동 발판]을 클릭하고 [시작], [흐름], [동작] 블록을 사용해서 다음과 같이 연결해요.

※ 맵이 시작되었을 때 다음 기능을 실행해요.
 - 무한 반복으로
 - 3초 동안 600 만큼(오른쪽) 움직이고
 - 다시 3초 동안 -600 만큼(왼쪽) 움직여요.

**여기서 잠깐!**

`10 초동안 x: 10 y: 10 만큼 움직이기` 코드는 지금 있는 자리에서 이동하는 숫자만큼 움직이고,
`10 초동안 x: 10 y: 10 으로 움직이기` 코드는 어디서 출발하는지 상관없이 정해진 위치로 이동하는 코드에요.

**2** [시작하기(▶)]를 클릭하고 쓰레기를 모두 주워서 청소 담당에게 간 다음 퀴즈에 대한 정답을 맞추면 미션 성공이에요~

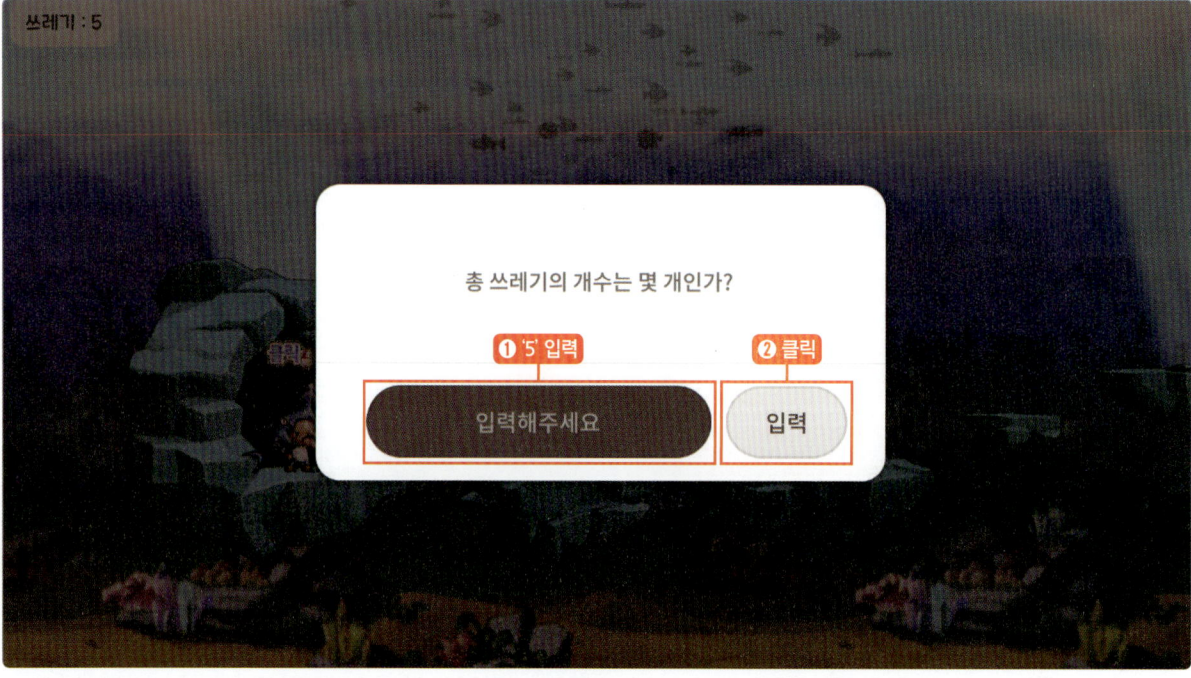

# CHAPTER 11 헬로메이플에서 미션 성공하기!

▶ 불러올 파일 : 11차시 미션.mod   ▶ 완성된 파일 : 11차시 미션(완성).mod

💡 헬로메이플 퀴즈에 도전해보자!

**미션 1** [불러올 파일]-[CHAPTER 11]-[11차시 미션.mod] 파일을 선택하고 월드의 이름은 [11차시 미션]으로 저장해요.

**미션 2** [해파리]를 클릭한 다음 코드 설명을 읽고 알맞게 수정해 주세요.

- 코드 설명 : 맵이 시작되었을 때 3초 동안 **왼쪽으로 500만큼** 움직이고, 좌우 오브젝트 뒤집기 다음 다시 3초 동안 **오른쪽으로 500만큼** 움직이고, 좌우 오브젝트 뒤집기를 무한 반복해요.

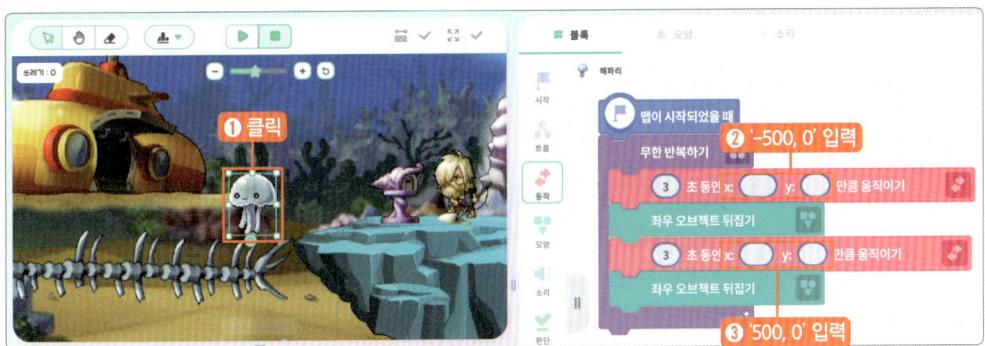

**미션 3** [해파리]를 클릭한 다음 코드 설명을 읽고 [판단], [모양] 블록을 알맞게 추가해 주세요.

- 코드 설명 : 맵이 시작되었을 때 만일 '아바타에 닿았는가?' 그리고 'LeftControl 키를 누르고 있을 때' 이라면 '모양 숨기기'를 무한 반복해요.

CHAPTER 11 바다를 깨끗하게 지키자! • **071**

# CHAPTER 12 코딩 모험 중간 체크포인트!

🚩 불러올 파일 : 12차시 OX퀴즈.mod   🚩 완성된 파일 : 12차시 OX퀴즈(완성).mod

**미션 1**  [불러올 파일]-[CHAPTER 12] 폴더에 있는 [12차시 OX퀴즈.mod] 파일을 선택하고 월드의 이름은 [12차시 미션]으로 저장해요.

※ 맵 설명 : 문제1부터 문제3까지 총 3개의 문제의 정답을 맞히면 탈출할 수 있어요! 문제의 정답을 맞힐 때마다 포털을 이용해서 다음 문제로 이동하도록 코드를 추가해요.

**미션 2**  [맵 목록(🗺)]를 클릭하고 맵의 이름을 변경해요.

※ 맵에서 마우스 오른쪽 단추를 클릭하고 '이름 바꾸기'를 클릭하면 이름을 변경할 수 있어요.

변경 전 ▶
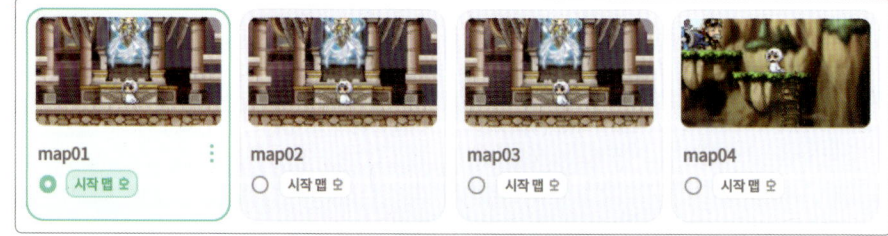

변경 후 ▶

 헬로메이플과 관련된 문제를 읽고 O, X로 표시해 주세요.

① 헬로메이플에서는 아바타에게 옷을 입혀서 꾸밀 수 있다. ( O, X )
② '이동하기' 블록을 사용하면 캐릭터를 원하는 방향으로 움직일 수 있다. ( O, X )
③ 헬로메이플에서는 코딩을 하지 않아도 캐릭터가 자동으로 움직인다. ( O, X )

미션 4 [문제1] 맵을 클릭하고 그림과 같이 포털을 추가해요. 이어서, 첫 번째 포털과 두 번째 포털에 각각 설명에 맞는 블록 코드를 추가해요.

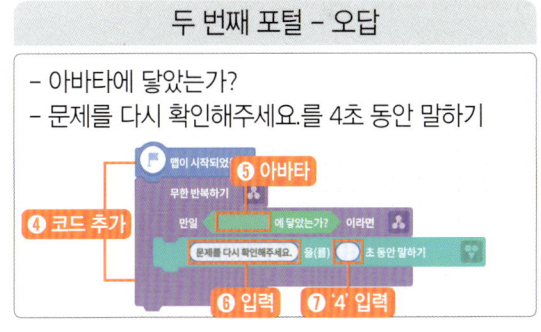

 [문제2]와 [문제3] 맵에서 각 문제에 대한 정답을 확인하고 정답을 맞췄을 때 다음 맵으로 이동하도록 정답 포털의 코드를 다음과 같이 수정해요.

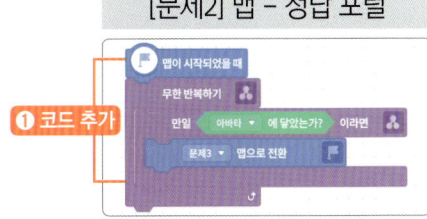

# 요정을 위해 딸기 탕후루를 만들어주자!

🚩 **불러올 파일** : 13차시 요정마을.mod　　🚩 **완성된 파일** : 13차시 요정마을(완성).mod

- 딸기 오브젝트를 모을 때 변수를 증가시키도록 코드를 작성하자.
- 딸기 5개를 모두 모은 뒤 요정에게 탕후루를 전달해 미션을 완성하자.

### 비밀의 숲 탐험대 이야기

요정마을에 사는 귀여운 요정이 다가와 부탁해요.

"저... 딸기 탕후루가 먹고 싶은데... 딸기 5개를 모으면 맛있는 딸기 탕후루를 만들 수 있어요!"

먼저 딸기 변수를 만들어 딸기를 모을 때마다 개수를 기록해 보세요.
맵 곳곳에 떨어져 있는 딸기에 아바타가 닿으면 딸기 변수가 1씩 증가하도록 코드를 작성해요.

하지만 조심하세요! 길에는 뾰족뾰족한 가시덤불도 숨어 있어요.

딸기 5개를 모두 모으면 딸기 탕후루 오브젝트가 나타납니다.
탕후루를 들고 요정에게 다가가서 Z 키를 누르면 아바타가 탕후루를 건네줍니다.

"우와... 정말 고마워요! 이렇게 맛있는 탕후루는 처음이에요!"

**딸기의 개수를 저장하는 변수를 만들자!**

1. 헬로메이플에 로그인하고 [아바타]를 클릭해요. 이어서, 옷의 이름을 확인하고 옷을 구매해요.

2. [만들기]-[새로 만들기]를 클릭한 다음 [13차시 탕후루.mod] 파일을 불러온 후, 월드 이름을 '13차시 탕후루'로 저장해요.

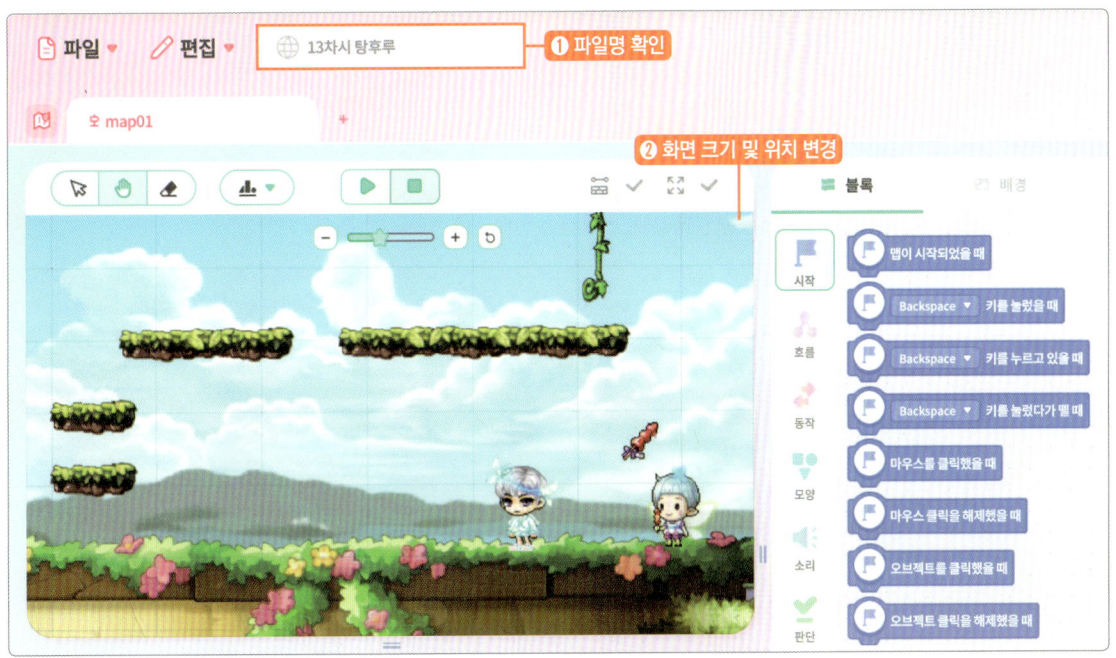

CHAPTER 13 요정을 위해 딸기 탕후루를 만들어주자! • **075**

3  [추가하기(➕)]-[오브젝트 추가하기]를 클릭하고 [공간]-[가시덤불]과 [음식]-[딸기]를 클릭해요. 이어서, 그림과 같이 배치해요.

4  [블록] 탭에서 [변수]-[변수 만들기]를 클릭해요. 이어서, 변수의 이름은 '딸기'로 입력하고 [확인] 단추를 클릭해요.

## 02 딸기 탕후루를 만들기 위한 재료를 구하자!

**1** [딸기]를 클릭하고 [시작], [흐름], [판단], [변수] 블록을 사용해서 다음과 같이 연결해요.

※ 맵이 시작되었을 때 다음 기능을 실행해요.
  - 만일 아바타에 닿았다면  - 딸기 변수에 1만큼 더한 다음 모양 숨기기

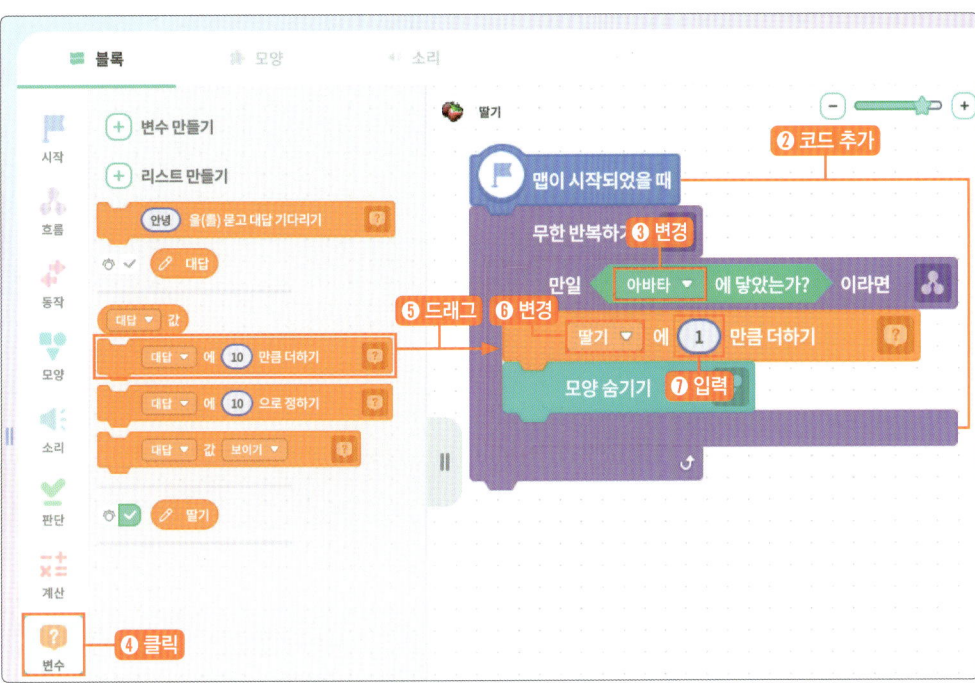

**2** [아바타]를 클릭하고 조건문 안에 [변수]-[딸기 값]을 추가하고 5가 되도록 코드를 수정해요.

※ 맵이 시작되었을 때 다음 기능을 실행해요.
  - 만일 딸기(변수) 값이 5라면 딸기 탕후루가 완성됐어! 요정에게 가져다주자!를 2초 동안 말하기

## 03 뽀족뽀족 가시덤불을 조심하자!

**1** [가시덤불]을 클릭하고 [시작], [흐름], [판단], [모양] 블록을 사용해서 다음과 같이 연결해요.

※ 맵이 시작되었을 때 다음 기능을 실행해요.
 – 만일 아바타에 닿았는가? 라면
  ·· 10 대미지 숫자 보여주기

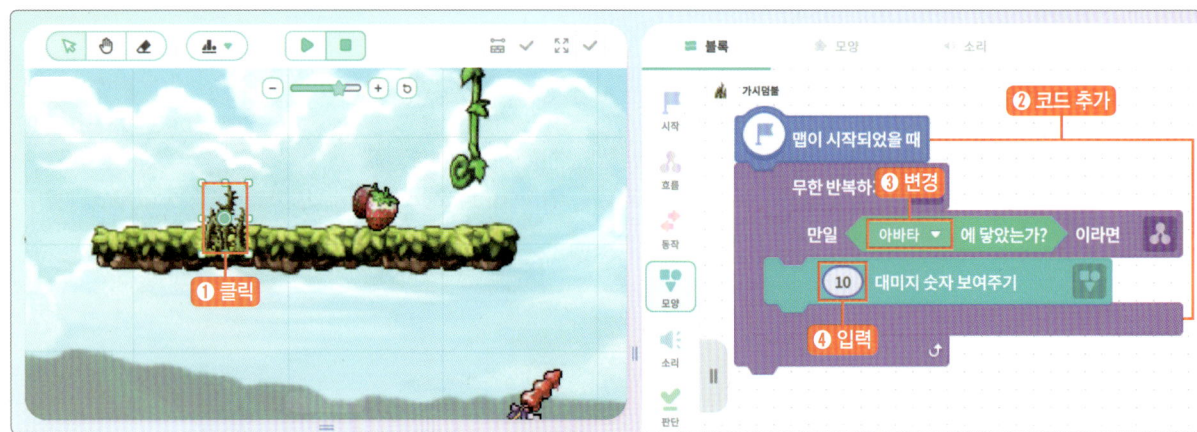

**2** [딸기]와 [가시덤불]을 복제해서 맵 곳곳에 배치해요.(딸기와 가시덤불 개수가 각각 5가 되도록 배치해요.)

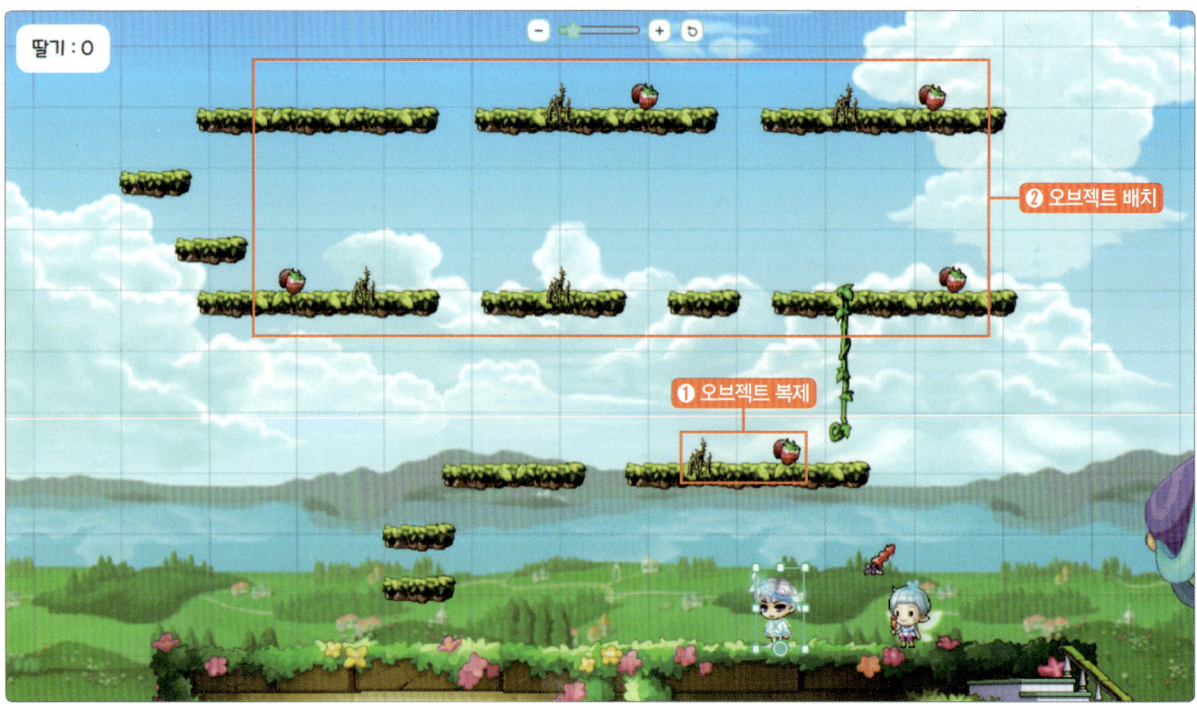

**3** [시작하기(▶)]를 클릭하고 가시덤불을 피해 조심조심 딸기 5개를 모아주세요. 딸기 탕후루가 완성되면 요정 근처에 가서 Z 키를 눌러 탕후루를 전달하면 미션 성공이에요~

# CHAPTER 13 헬로메이플에서 미션 성공하기!

▶ 불러올 파일 : 13차시 미션.mod    ▶ 완성된 파일 : 13차시 미션(완성).mod

💡 헬로메이플 퀴즈에 도전해보자!

**미션 1** [불러올 파일]-[CHAPTER 13]-[13차시 미션.mod] 파일을 선택하고 월드의 이름은 [13차시 미션]으로 저장해요.

※ 딸기 변수가 5가 되면 딸기 탕후루가 만들어지고, 생명이 0이 되면 처음부터 다시 시작해요.

**미션 2** [가시덤불]을 클릭하고 [아바타]에 닿았을 때 '20' 대미지 숫자를 보여주고, [생명] 변수에 '-20'만큼 더한 후, 반복을 멈추도록 코드를 추가해요.

**미션 3** [아바타]를 클릭하고 '만일 생명 값이 0'이라면 죽음 모양으로 변경하고 2초 후에 다시 시작하도록 코드를 추가해요.

# 하늘에서 떨어지는 고기를 모으자!

CHAPTER 14

🔹 불러올 파일 : 14차시 고기.mod   🔹 완성된 파일 : 14차시 고기(완성).mod

### 학습목표
- 고기와 생명 변수를 설정하고 랜덤하게 떨어지도록 오브젝트를 복제하자.
- 고기를 모으면 고기 점수를 올리고, 마늘을 먹으면 생명 점수를 줄이도록 코딩하자.

### 비밀의 숲 탐험대 이야기

오늘은 숲속 요리사에게 특별한 부탁을 받았어요.
"배가 많이 고프신가요? 고기 5개를 모아주시면 맛있는 요리를 만들어드릴게요!"

하지만 재료들이 하늘에서 무작위로 떨어진다고 해요! 고기는 꼭 모아야 하고, 마늘은 조심해야 해요.

게임이 시작되면 고기 변수는 0, 생명 변수는 5로 설정됩니다. 고기를 모으면 1씩 증가하고, 마늘을 모으면 생명이 1씩 감소해요.

이제 하늘에서 떨어지는 고기를 모아서 맛있는 요리를 완성해 주세요!

## 01 생명 변수의 기본값을 수정하자!

**1** 헬로메이플에서 [14차시 고기.mod] 파일을 불러온 후, 월드 이름을 '14차시 고기'로 저장해요.

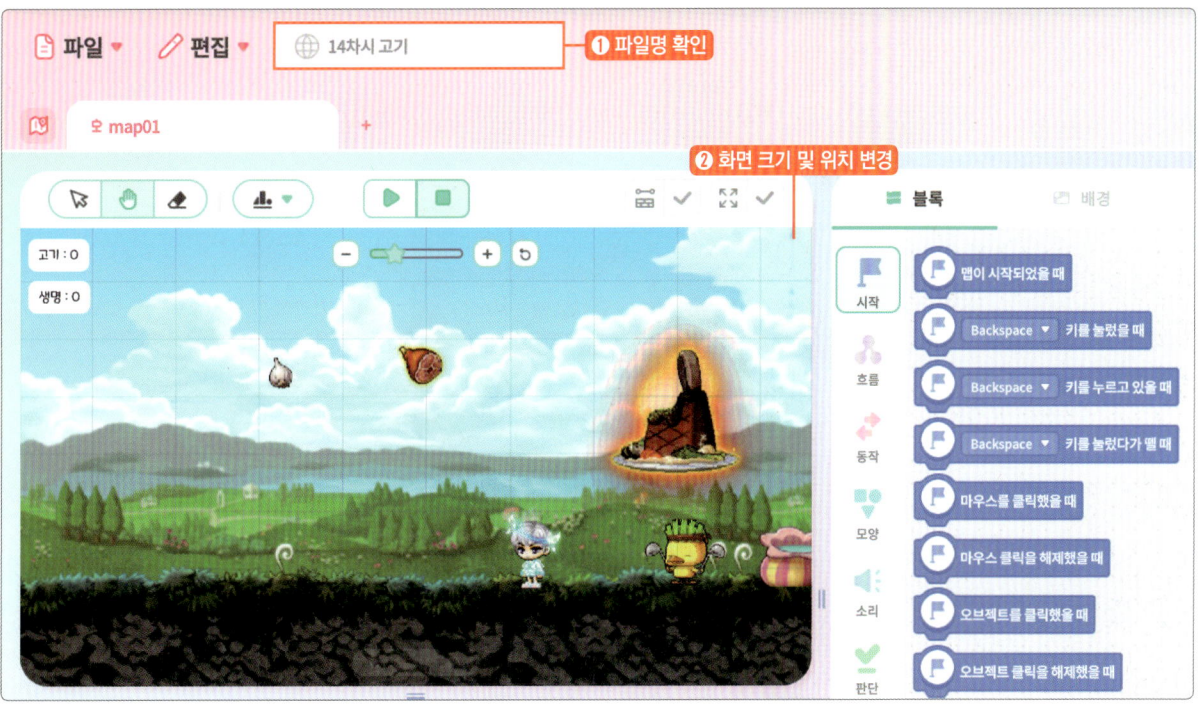

**2** [블록] 탭에서 [변수]-생명 를 클릭해요. 이어서, 기본값을 5로 설정하고, [닫기(✕)]를 클릭해요.

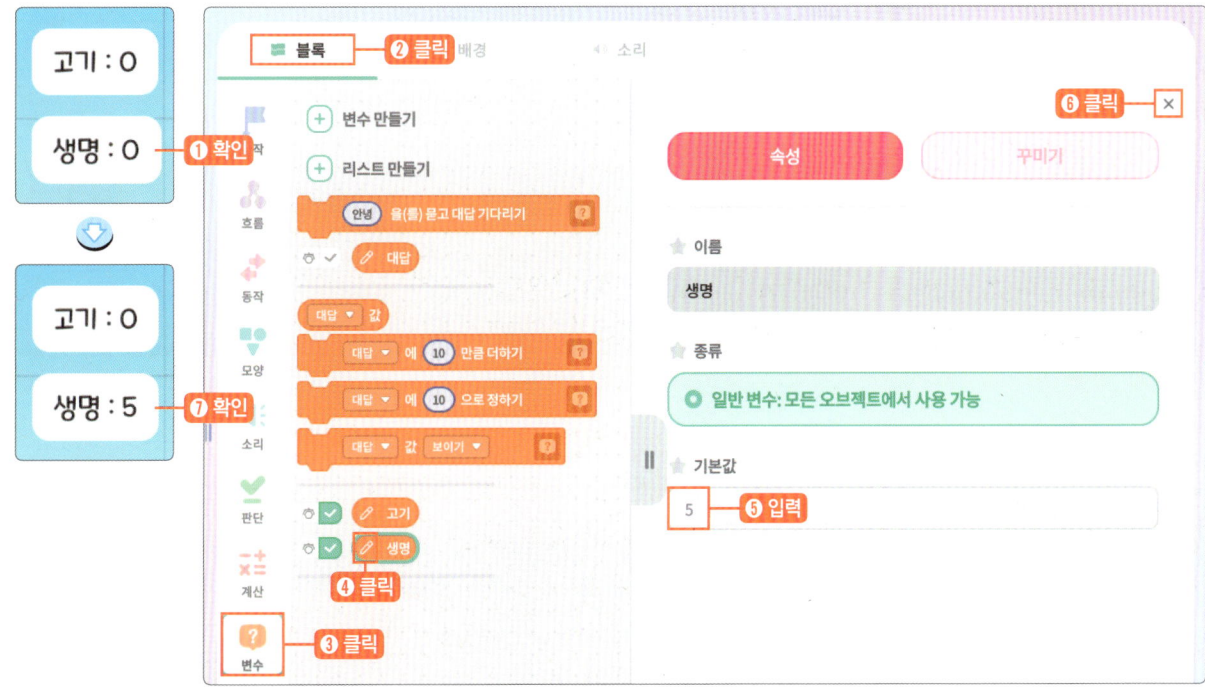

CHAPTER 14 하늘에서 떨어지는 고기를 모으자! • 081

## 02 고기와 마늘이 하늘에서 떨어지도록 코드를 추가하자!

**1** [고기]를 클릭하고 [판단]과 [변수] 블록을 사용해서 다음과 같이 연결해요.

※ 맵이 시작되었을 때 다음 기능을 실행해요.
 - 고기 값이 5가 될 때까지 1~5 사이의 무작위 수 초 기다리면서 자신(고기 오브젝트) 복제하기

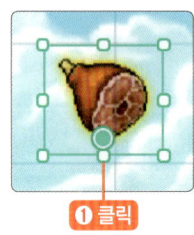

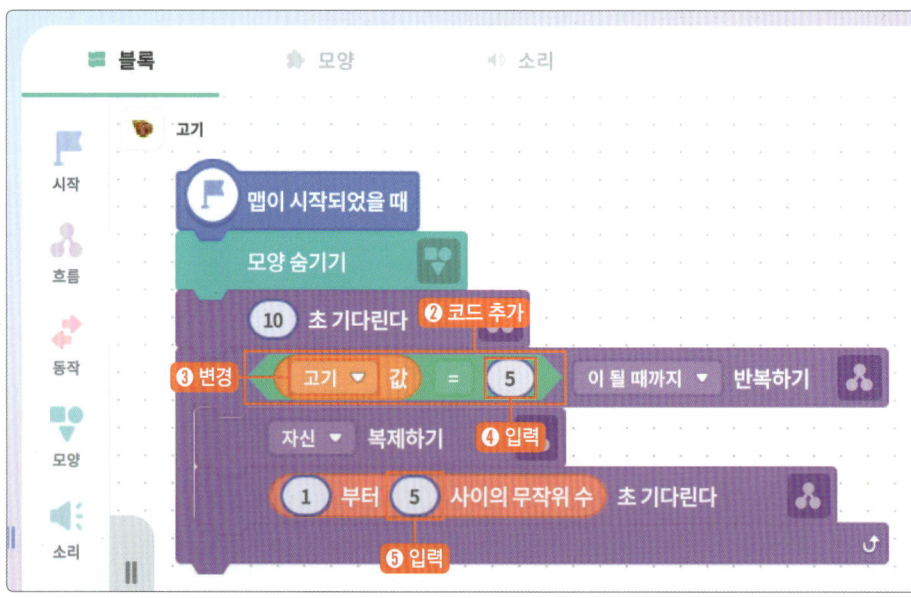

**2** [고기] 오브젝트의 복제본이 처음 생성되었을 때 모양이 보이고, X: -500부터 300 사이의 무작위 수, Y: 500 좌표로 이동하도록 코드를 수정해요.

3  [고기]가 만일 '아바타'에 닿았을 때 고기 변수에 1만큼 더한 후, 복제본을 삭제하고, 만일 '발판'에 닿았을 때 복제본을 삭제하도록 블록을 추가해요.

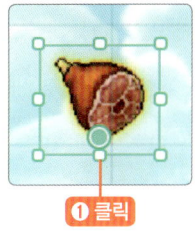
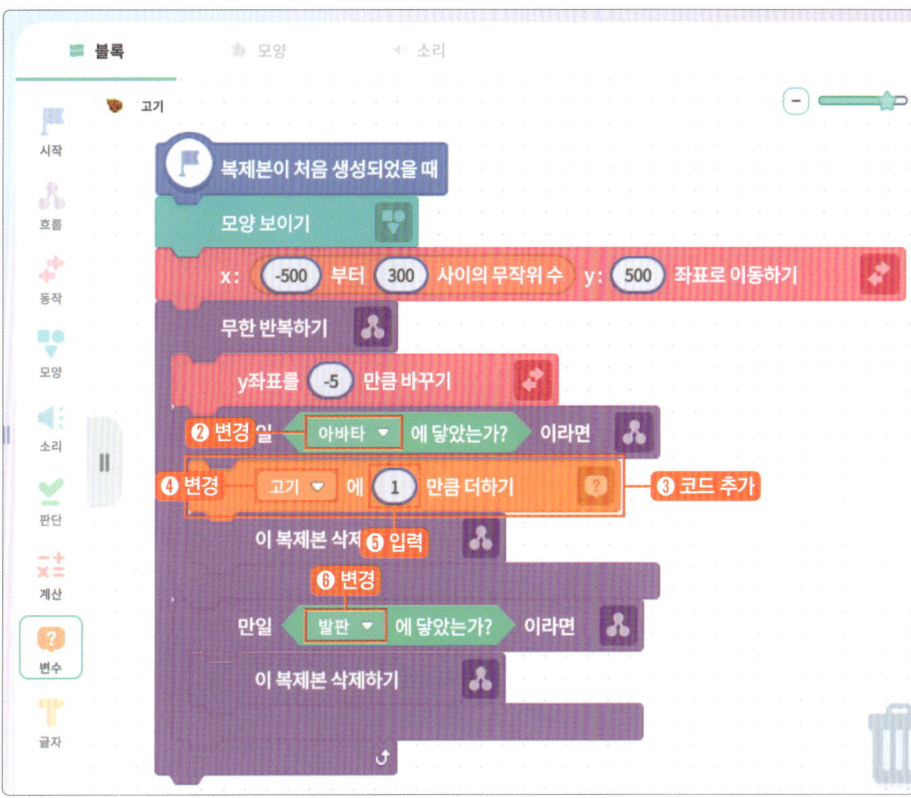

4  [마늘]을 클릭하고 만일 '아바타'에 닿았을 때 생명 변수에 -1만큼 더한 후, 복제본을 삭제하고, 만일 '발판'에 닿았을 때 복제본을 삭제하도록 블록을 추가해요.

## 03 미션 성공! 또는 미션 실패! 상황을 코딩하자!

**1** [아바타]를 클릭하고 조건문 안에 [변수]-[고기 값]과 [생명 값]을 추가하고 '고기 값 = 5', '생명 값 = 0'이 되도록 블록을 수정해요.

**2** [시작하기(▶)]를 클릭하고 맛있는 요리를 만들기 위해 하늘에서 떨어지는 고기 5개를 모아서 요리사를 클릭해요! 만일, 마늘에 닿으면 생명이 1씩 감소하고 0이 되면 처음부터 다시 시작돼요!

# CHAPTER 14

## 헬로메이플에서 미션 성공하기!

📄 불러올 파일 : 14차시 미션.mod    📄 완성된 파일 : 14차시 미션(완성).mod

💡 **헬로메이플 퀴즈에 도전해보자!**

**미션 1**  [불러올 파일]-[CHAPTER 14]-[14차시 미션.mod] 파일을 선택하고 월드의 이름은 [14차시 미션]으로 저장해요.

**미션 2**  [고기]를 클릭하고 고기가 떨어지는 속도가 '-5부터 -8 사이의 무작위 수'로 떨어지도록 [계산]-  부터  사이의 무작위 수 블록을 추가해요.

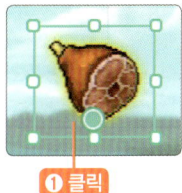

❶ 클릭
❷ 클릭
❸ 드래그
❹ '-5, -8' 입력

**미션 3**  [아바타]를 클릭하고 '만일 생명 값=0 또는 초시계 값 ≥30'이라면 모든 코드가 멈추도록 코드를 추가해요.

❶ 클릭
❷ [판단] 코드 추가
❸ '≥' 변경
❹ 클릭
❺ 드래그
❻ '30' 입력

CHAPTER 14 하늘에서 떨어지는 고기를 모으자!  •  **085**

# 얼음이 된 요정을 모두 구출하자!

▶ 불러올 파일 : 15차시 요정 구하기.mod  ▶ 완성된 파일 : 15차시 요정 구하기(완성).mod

### 학습목표
- Ctrl 키를 누르면 효과와 함께 소리가 나는 코드를 작성해보자.
- 제한 시간(30초) 안에 조건을 만족하면 성공, 넘기면 실패하는 조건을 만들어 보자.

### 비밀의 숲 탐험대 이야기

깊은 숲속, 요정들이 평화롭게 살고 있는 요정마을에 갑자기 얼음 몬스터가 나타났어요. 몬스터의 공격으로 요정 5명이 얼음에 갇혀버렸어요! "도와주세요! 도와주세요! 몬스터의 습격을 받아서 요정마을 사람들이 공격을 당했어요.."

얼음이 된 요정들에게 다가가서 Ctrl 키를 눌러 얼음을 깨뜨리고 요정을 구출할 수 있어요.
이때, 펑! 소리와 함께 이펙트가 나타나며 요정이 풀려납니다.

단, 주어진 시간은 단 30초! 30초 안에 5명의 요정을 모두 구출하지 못하면 게임은 종료되고 말아요.

## 01 초시계 코드를 추가하자!

**1** 헬로메이플에서 [15차시 요정 구하기.mod] 파일을 불러온 후, 월드 이름을 '15차시 요정 구하기'로 저장해요.

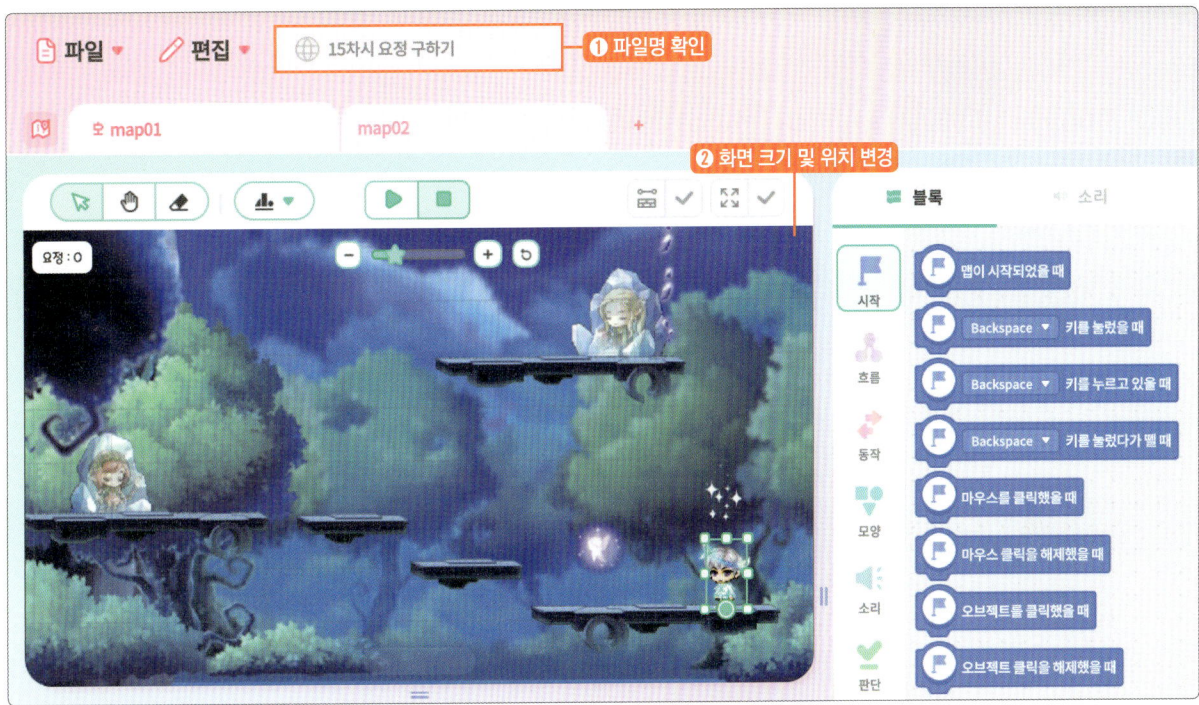

**2** [나비]를 클릭하고 [계산]- `초시계 시작하기` 블록과 `초시계 보이기` 블록을 추가해요.

※ 맵이 시작되었을 때 다음 기능을 실행해요.
  - 좌우 모양을 바꾼 후, **초시계가 보이고**, 말하기가 끝난 후, **초시계 시작**한 다음 모양 숨기기

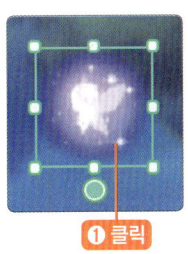

CHAPTER 15 얼음이 된 요정을 모두 구출하자! • **087**

3  [포털10]을 클릭하고 [블록] 탭에서 [판단], [변수], [계산] 블록을 사용해서 다음과 같이 연결해요.

※ 맵이 시작되었을 때 다음 기능을 실행해요.
– 모양을 숨겼다가 만일 요정 값 = 5라면 초시계가 정지되고 포털 모양 보이기
‥ 만일 초시계 값 ≤ 30 이고, 아바타에 닿았다면 map02 맵으로 전환하고
‥ 아니면 처음부터 다시 시작하기

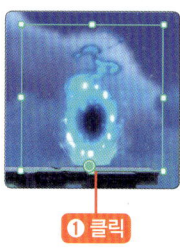
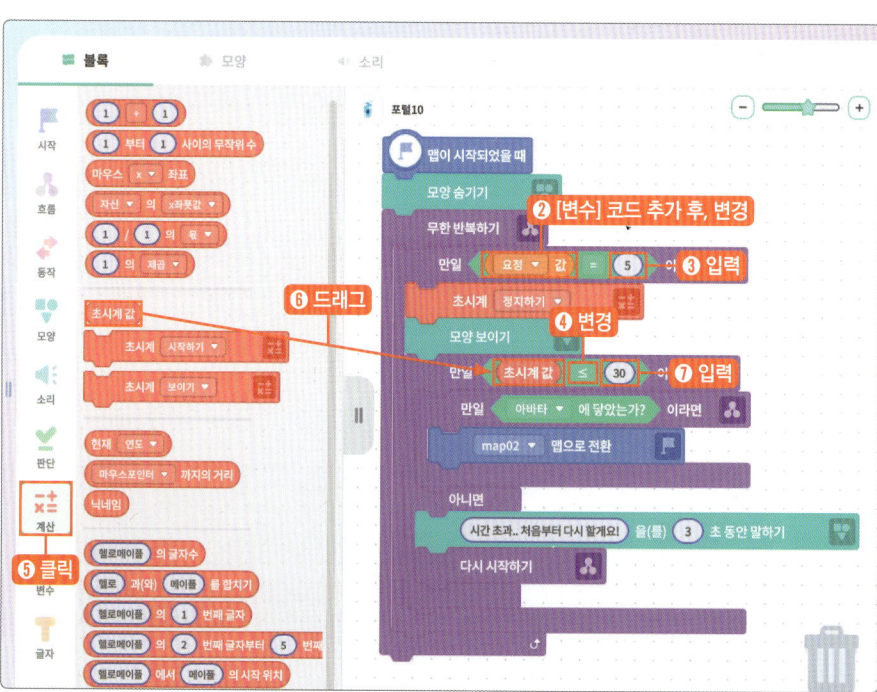

  초시계 값 ≤ 30 블록은 초시계 값이 30보다 작거나 같을 때(이하) 라는 뜻이에요!

## 02  Ctrl 키를 눌러서 요정을 구하자!

1  [효과]를 클릭하고 [시작]- Backspace 키를 눌렀을 때 블록과 Backspace 키를 눌렀다가 뗄 때 블록을 그림과 같이 추가해요.
※ 키보드 왼쪽에 있는 Ctrl 키를 눌렀을 때 효과 모양이 보이고, Ctrl 키를 눌렀다가 뗄 때 0.5초 후에 모양 숨기기

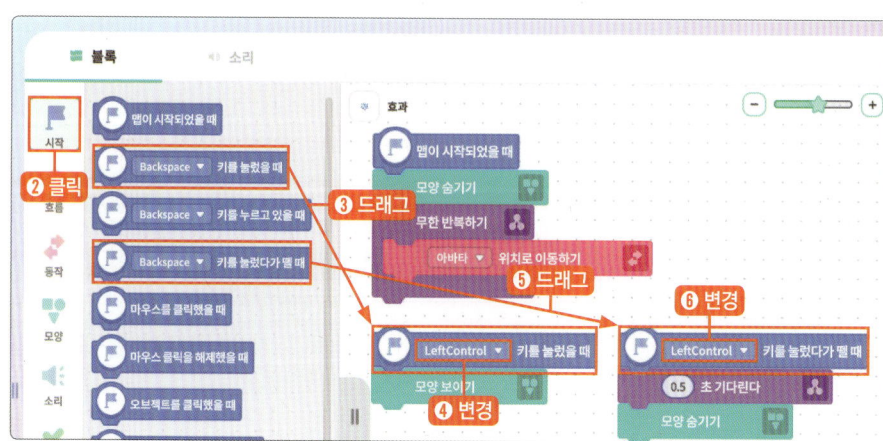

**2** [요정1]을 클릭하고 [판단], [소리], [변수] 블록을 사용해서 다음과 같이 연결해요.

※ 맵이 시작되었을 때 다음 기능을 실행해요.
– 만일 **효과**에 닿았는가? 라면
‥ 피격 사운드 재생, **요정**(변수)에 1만큼 더하기

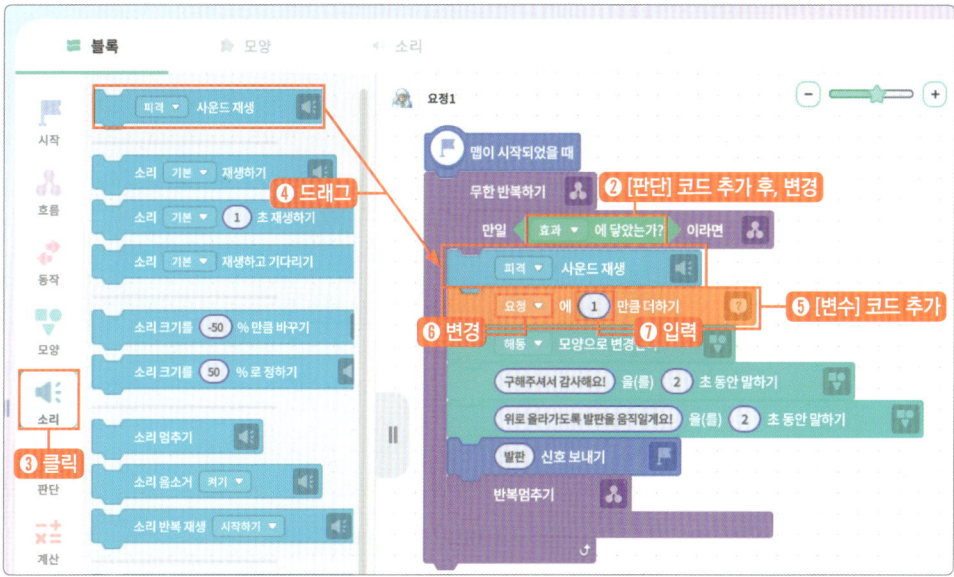

### 여기서 잠깐!

◆ [시작하기(▶)]를 클릭하고 [요정1] 가까이에서 Ctrl 키를 눌렀다 떼면 피격 사운드와 함께 효과가 보이면서 [요정1]의 모습이 변경돼요.

◆ [요정1]을 구하면 발판이 움직이면서 다음 요정이 있는 곳으로 이동할 수 있어요!

CHAPTER 15 얼음이 된 요정을 모두 구출하자! • **089**

## 03 30초 안에 모든 요정을 구하자!

**1** [시작하기(▶)]를 클릭하고 30초 안에 모든 요정을 구해주세요!

**2** 얼음으로 된 5명의 요정을 구하면 포털이 열려요! 30초 안에 모든 요정을 구하고 포털을 이용해 다음 맵으로 이동하면 미션 성공이고 30초가 넘어가면 미션 실패여서 처음부터 다시 시작해야 해요!

미션 성공! | 미션 실패!

# CHAPTER 15

## 헬로메이플에서 미션 성공하기!

▶ 불러올 파일 : 15차시 미션.mod    ▶ 완성된 파일 : 15차시 미션(완성).mod

💡 **헬로메이플 퀴즈에 도전해보자!**

**미션 1** [불러올 파일]-[CHAPTER 15]-[15차시 미션.mod] 파일을 선택하고 월드의 이름은 [15차시 미션]으로 저장해요.

**미션 2** [포털10]을 클릭하고 '만일 초시계 값이 60보다 작거나 같다'면 만일 아바타에 닿았는가? 라면 map02 맵으로 전환되도록 코드를 수정해요.

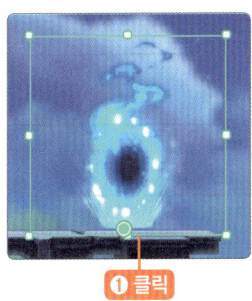
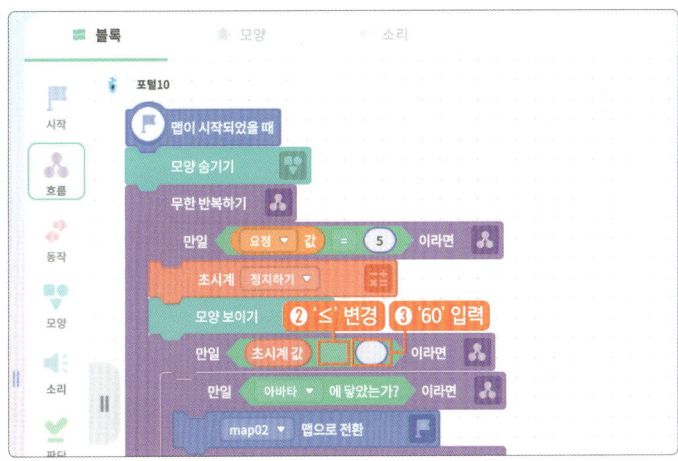

**미션 3** [유령]을 클릭한 다음 <코드 설명>을 읽고 [소리], [변수], [모양] 코드를 알맞게 추가해요. 이어서, 총 3마리의 유령이 되도록 유령을 복제하고 위치를 변경해요.

<코드 설명> 오브젝트를 클릭했을 때
- '죽음' 사운드 재생    - '유령'에 '-1'만큼 더하기    - '죽음' 모양으로 변경한다.

CHAPTER 15 얼음이 된 요정을 모두 구출하자! • **091**

# CHAPTER 16 코딩 모험 중간 체크포인트!

▸ 불러올 파일 : 16차시 숨은그림.mod    ▸ 완성된 파일 : 16차시 숨은그림(완성).mod

**미션 1** [불러올 파일]-[CHAPTER 16] 폴더에 있는 [16차시 숨은그림.mod] 파일을 선택하고 월드의 이름은 [16차시 미션]으로 저장해요.

※ 맵 설명 : 이곳에는 숨은 아이템이 5개가 있어요! 맵이 시작되었을 때를 잘 기억하고 15초 안에 숨은 아이템 5개를 찾아 클릭해야해요.

**미션 2** [아바타]를 클릭하고 <코드 설명>에 맞는 블록 코드를 추가해요.   힌트 ✏ 계산 블록

<코드 설명>
맵이 시작되었을 때
- 초시계 보이기
- 초시계 시작하기

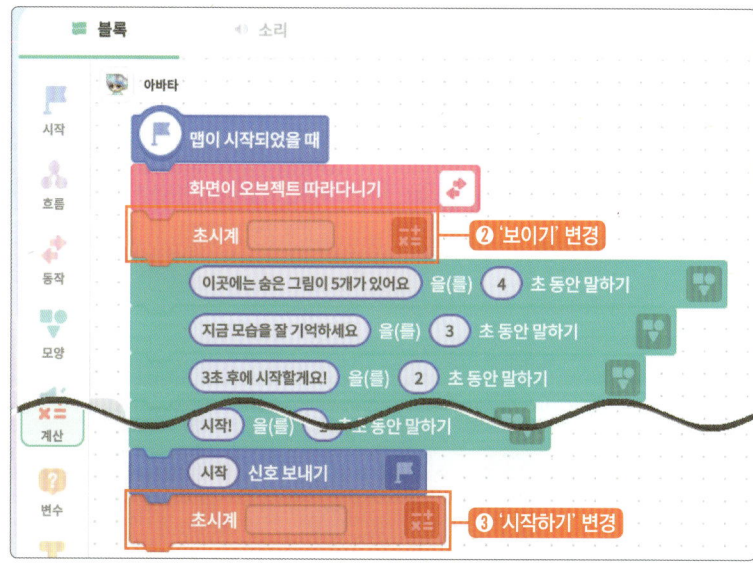

**미션 3**  [아바타]를 클릭하고 <코드 설명>에 맞는 블록 코드를 추가해요.  힌트: 계산, 변수 블록

<코드 설명>

맵이 시작되었을 때
- 무한 반복하기
- 만일 초시계 ≤ 15라면
- 만일 아이템 값 = 5라면
- 초시계 정지하기
- 아니면
- 초시계 초기화하기

**미션 4**  [아이템1]을 클릭하고 <코드 설명>에 맞는 블록 코드를 추가해요.
힌트: 시작, 소리, 변수 블록

<코드 설명>

오브젝트를 클릭했을 때
- 피격 사운드 재생
- 아이템에 1만큼 더하기

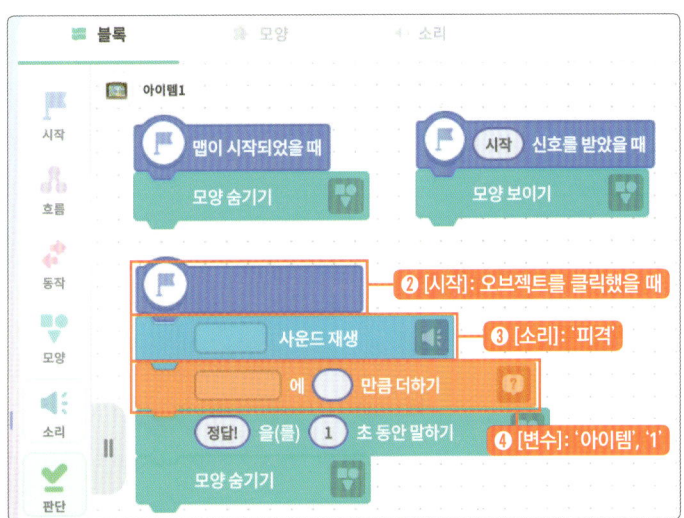

**미션 5**  [시작하기(▶)]를 클릭하고 15초 안에 숨은 그림 5개를 찾아서 클릭하면 미션 성공이에요~

# CHAPTER 17 — 장난감 마을의 배달 대작전!

🔹 불러올 파일 : 17차시 장난감 마을.mod  🔸 완성된 파일 : 17차시 장난감 마을(완성).mod

### 학습목표
- 병원과 미용실에서 랜덤으로 주문을 받아 리스트에 저장해보자.
- 저장된 순서를 확인하고 배달 드론을 이용해 올바른 순서대로 배달하자.

### 비밀의 숲 탐험대 이야기

오늘은 장난감 마을에 새로운 일이 생겼어요! 병원과 미용실에서 손님들이 주문을 잔뜩 했다고 해요.

"지금 바빠서 직접 가지 못하니, 네가 대신 배달해줄 수 있을까?"
아바타는 주문을 받는 순서대로 기록된 주문서 리스트를 확인해요.

이제 해야 할 일은 단 하나! 배달 드론을 클릭해서 주문한 순서대로 정확히 배달하는 거예요.

순서를 틀리면 미션 실패니까 주의하세요!
모든 배달을 성공적으로 마치면, 미션 성공이에요.

# 01 병원과 미용실에서 무작위 순서로 주문하도록 코딩하자!

**1** 헬로메이플에 로그인하고 [아바타]를 클릭해요. 이어서, 옷의 이름을 확인하고 옷을 구매해요.

**2** [만들기]-[새로 만들기]를 클릭한 다음 [17차시 장난감 마을.mod] 파일을 불러온 후, 월드 이름을 '17차시 장난감 마을'로 저장해요.

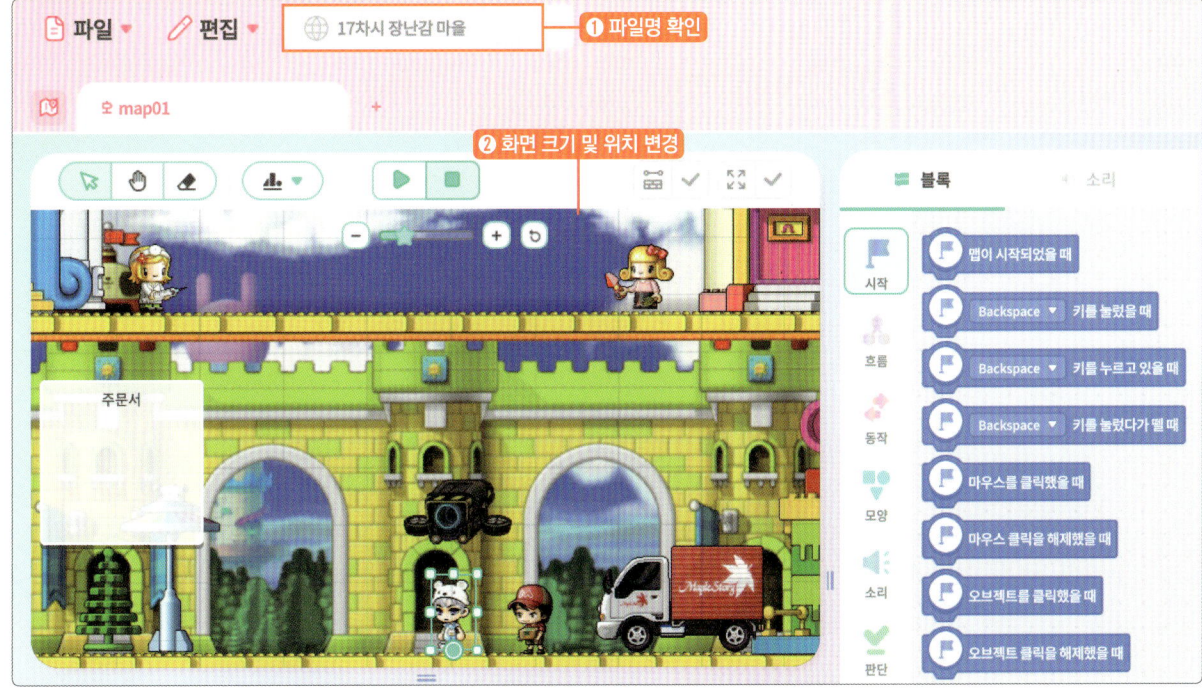

CHAPTER 17 장난감 마을의 배달 대작전! • 095

3 ▶ [병원]을 클릭하고 [계산]-  블록을 사용해서 다음과 같이 연결하고 [주문서] 리스트에 추가할 항목의 이름은 '병원'으로 수정해요.

※ 맵이 시작되었을 때 다음 기능을 실행해요.
  - 1부터 3 사이의 무작위 수 초 기다린 다음 '주문할게요'를 2초 동안 말하기
  - 병원 항목을 주문서(리스트)에 추가하기

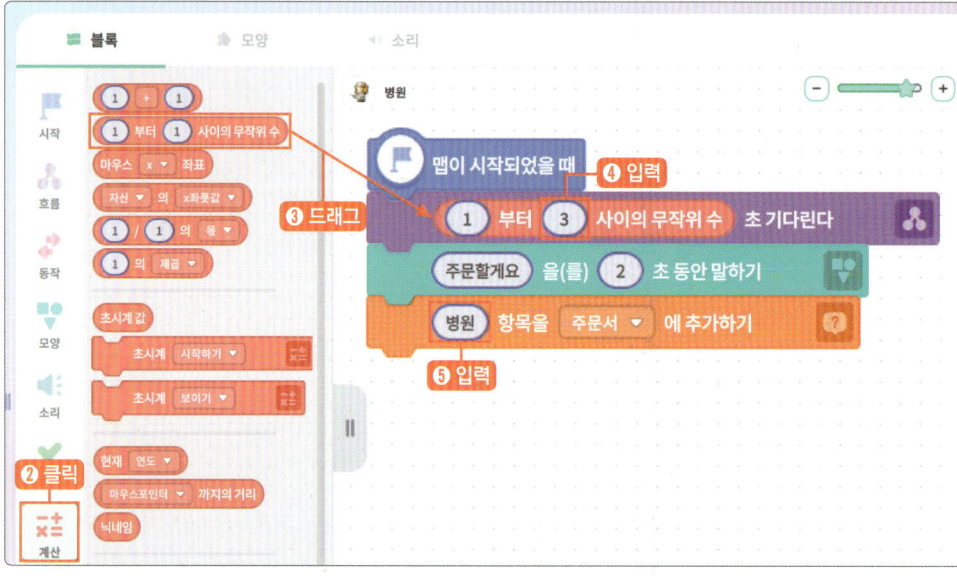

4 ▶ [병원]의 첫 번째 블록 코드에서 마우스 오른쪽 단추를 눌러 [여기부터 복사]를 클릭해요.

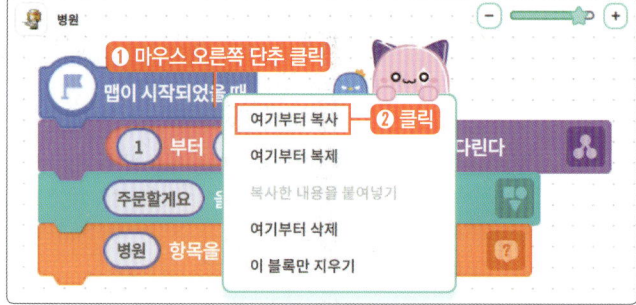

5 ▶ 이어서, [미용실]의 블록 조립소에서 마우스 오른쪽 단추를 눌러 [복사한 내용을 붙여넣기]를 클릭하고 [주문서] 리스트에 추가할 항목의 이름은 '미용실'로 수정해요.

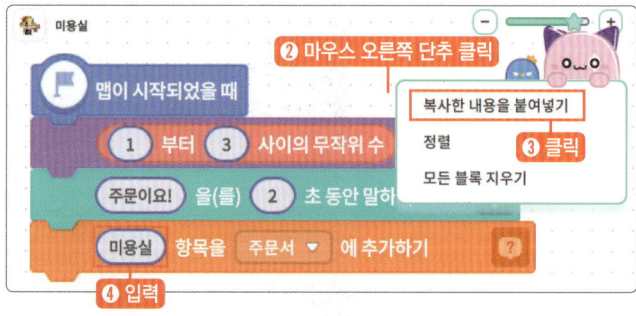

# 02 주문한 순서에 맞춰서 배달하자!

**1** [드론 2]를 클릭하고 [판단]과 [변수] 블록을 사용해서 다음과 같이 연결한 다음 대답에 따라 [병원]과 [미용실]의 위치로 이동하도록 코드를 수정해요.

※ 오브젝트를 클릭했을 때 다음 기능을 실행해요.
- '어디로 배달할까요?'를 묻고 대답 기다린 후
- 만일 **대답=병원**이라면
  ·· 2초 동안 병원의 위치로 이동하고 3초 기다린 후에
  ·· 2초 동안 미용실의 위치로 이동한 다음 '배달 완료!'를 2초 동안 말하기
- 만일 **대답=미용실**이라면
  ·· 2초 동안 미용실의 위치로 이동하고 3초 기다린 후에
  ·· 2초 동안 병원의 위치로 이동한 다음 '배달 완료!'를 2초 동안 말하기

❶ 클릭

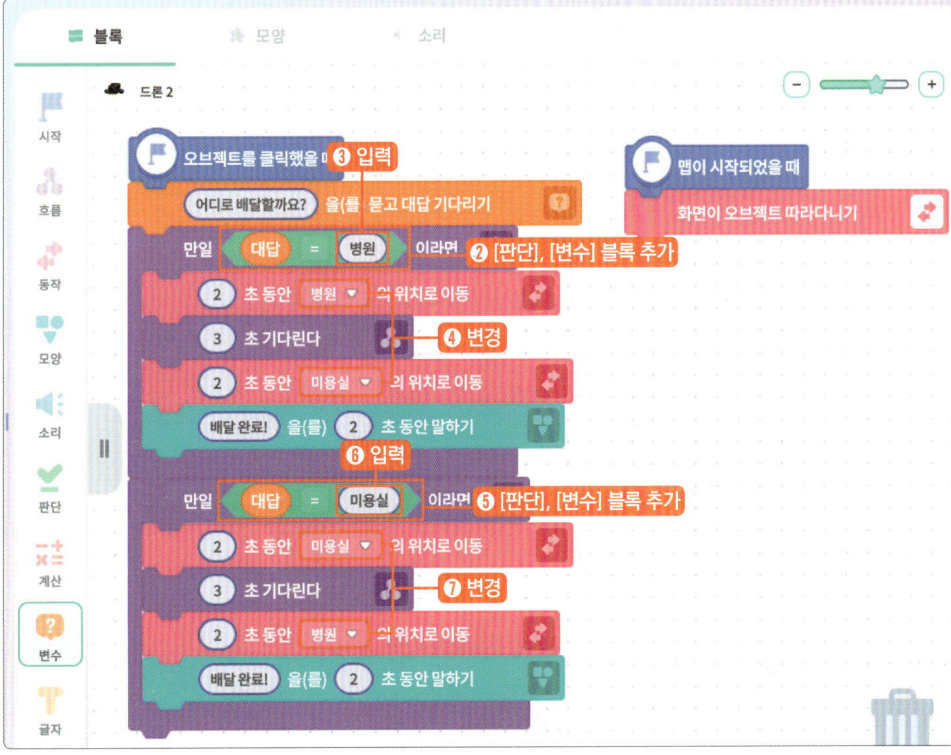

### 여기서 잠깐!

맵이 시작되었을 때 [병원]과 [미용실]에서 무작위 순서로 주문을 하면 [주문서] 리스트에 저장돼요. 주문한 순서를 확인하고 [드론]을 클릭해서 첫 번째로 주문한 장소를 입력하면 순서대로 배달을 진행해요.

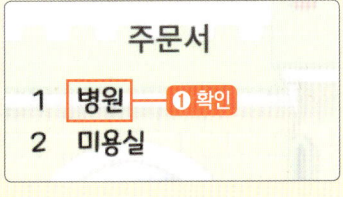

CHAPTER 17 장난감 마을의 배달 대작전! • 097

**2** [시작하기(▶)]를 클릭하면 병원과 미용실에서 무작위 순서로 주문해요.

**3** [주문서] 리스트에 저장된 순서를 확인하고 배달 드론을 클릭해요.

※ 리스트에 저장된 순서는 교재와 다를 수 있어요.

**4** 첫 번째로 주문한 장소를 입력하면 리스트에 적힌 순서대로 배달을 진행해요!

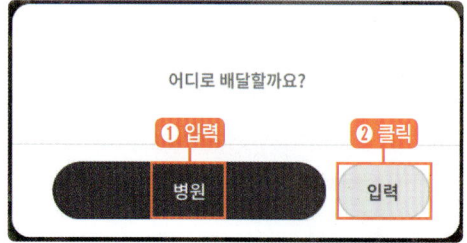 

# CHAPTER 17

## 헬로메이플에서 미션 성공하기!

▶ 불러올 파일 : 17차시 미션.mod   ▶ 완성된 파일 : 17차시 미션(완성).mod

💡 헬로메이플 퀴즈에 도전해보자!

**미션 1** [불러올 파일]-[CHAPTER 17]-[17차시 미션.mod] 파일을 선택하고 월드의 이름은 [17차시 미션]으로 저장해요.

**미션 2** [병원]을 클릭하고 [드론 2]에 닿았을 때 '감사합니다~'를 '2'초 동안 말하도록 코드를 추가해요. 이어서, 마우스 오른쪽 단추를 눌러서 블록 코드를 복사해요.

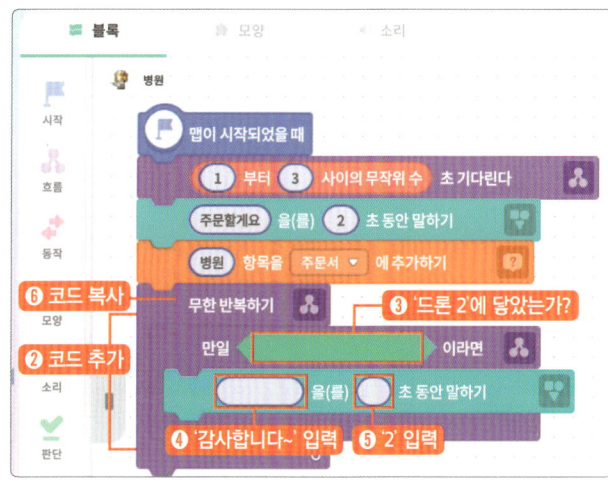

**미션 3** [미용실]을 클릭하고 [병원]에서 복사한 코드를 붙여 넣은 다음 그림과 같이 연결해요.

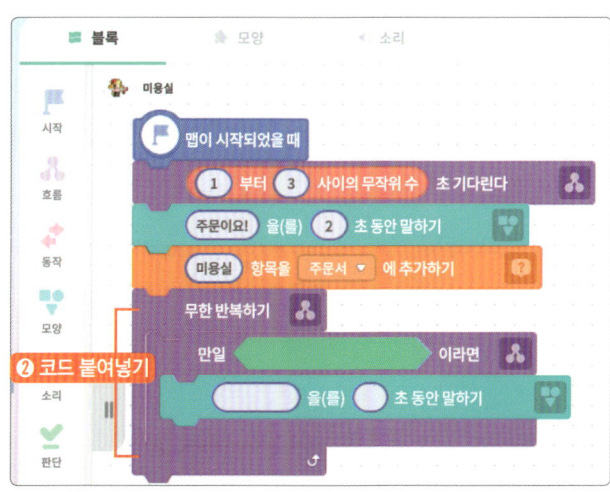

CHAPTER 17 장난감 마을의 배달 대작전! • 099

# CHAPTER 18
## 장난감 인형 공장에서 탈출하자!

▶ 불러올 파일 : 18차시 인형 공장.mod   ▶ 완성된 파일 : 18차시 인형 공장(완성).mod

### 학습목표
- 리스트에 저장된 데이터를 조건에 따라 삭제해보자
- 리스트가 비었을 때 포털이 열리도록 조건을 설정해보자.

### 비밀의 숲 탐험대 이야기

오늘은 장난감 공장에 견학을 왔어요. 견학하던 중 정체불명의 인형 공장에 갇히고 말아요.
이 공장을 탈출하려면, 공장 곳곳에 있는 직원 3명의 질문에 모두 답해야 해요.

"여기는 무슨 인형을 만드는 곳일까요?" 질문의 정답은 인형 리스트에 순서대로 저장되어 있어요: [판다, 문어, 곰돌이]

각 공장 직원에게 다가가서 정답을 맞히면, 리스트에서 해당 인형이 하나씩 삭제돼요.
리스트에 남은 인형이 0개가 되면, 탈출 포털이 열리게 됩니다.

"휴... 드디어 빠져나올 수 있어!" 포털을 이용해 공장 밖으로 나가면 미션 성공!

## 01 인형 리스트의 기본값을 수정하자!

**1** 헬로메이플에서 [18차시 인형 공장.mod] 파일을 불러온 후, 월드 이름을 '18차시 인형 공장'으로 저장해요.

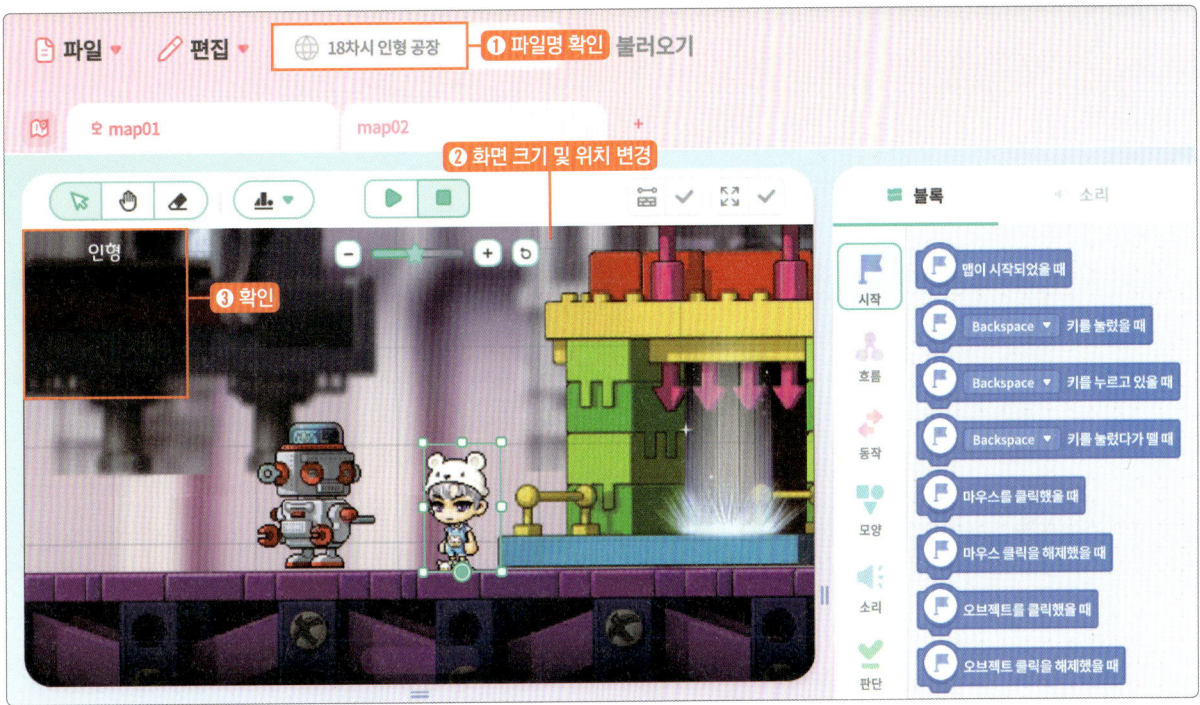

**2** [블록] 탭에서 [변수]-<sub>인형</sub>를 클릭해요. 이어서, 기본값을 3으로 설정하고 순서대로 판다, 문어, 곰돌이로 입력한 다음 [닫기(X)]를 클릭해요.

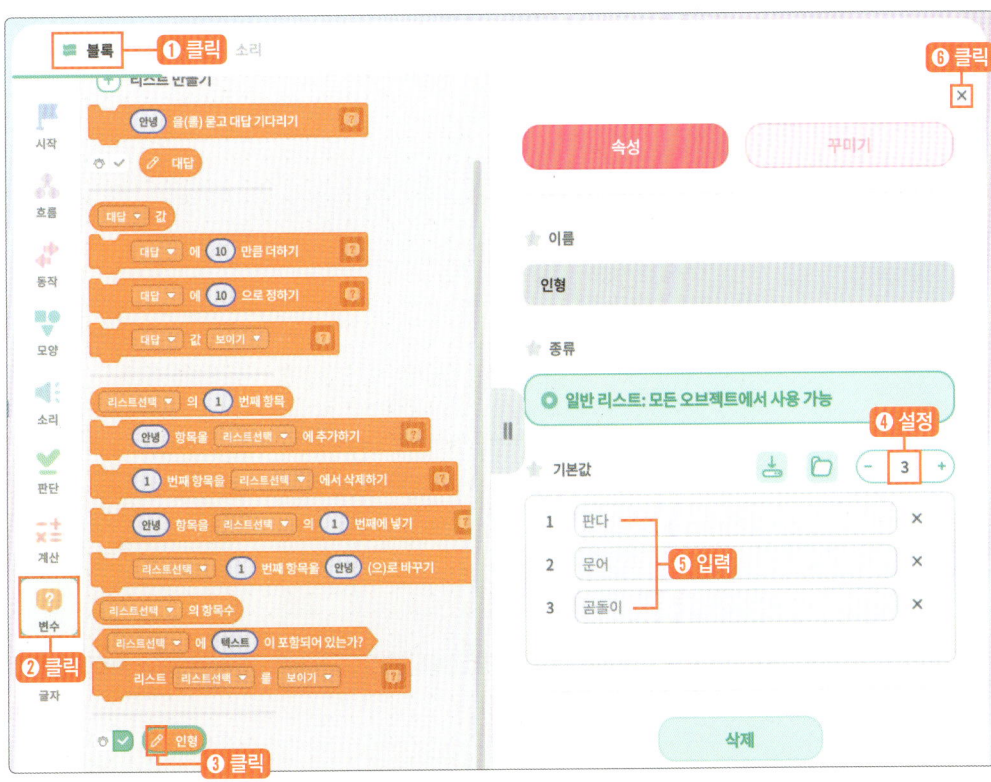

CHAPTER 18 장난감 인형 공장에서 탈출하자! • 101

## 02 정답을 맞추면 리스트 항목이 삭제되도록 코딩하자!

**1** [판다 공장]을 클릭하고 [판단]과 [변수] 블록을 사용해서 대답이 판다라면 [인형] 리스트의 1번째 항목을 삭제하도록 다음과 같이 연결해요.

※ 오브젝트를 클릭했을 때 다음 기능을 실행해요.
 – '여긴 어떤 인형을 만드는 공장일까요? (문어/판다/곰돌이)'를 묻고 대답 기다리기
 – 만일 대답=판다라면
  ·· 1번째 항목을 인형(리스트)에서 삭제하기
  ·· 정답이에요~ 선물을 드릴게요!를 2초 동안 말하고 판다 신호 보내기
 – 아니면
  ·· 땡~ 다시 확인 해주세요!를 2초 동안 말하기

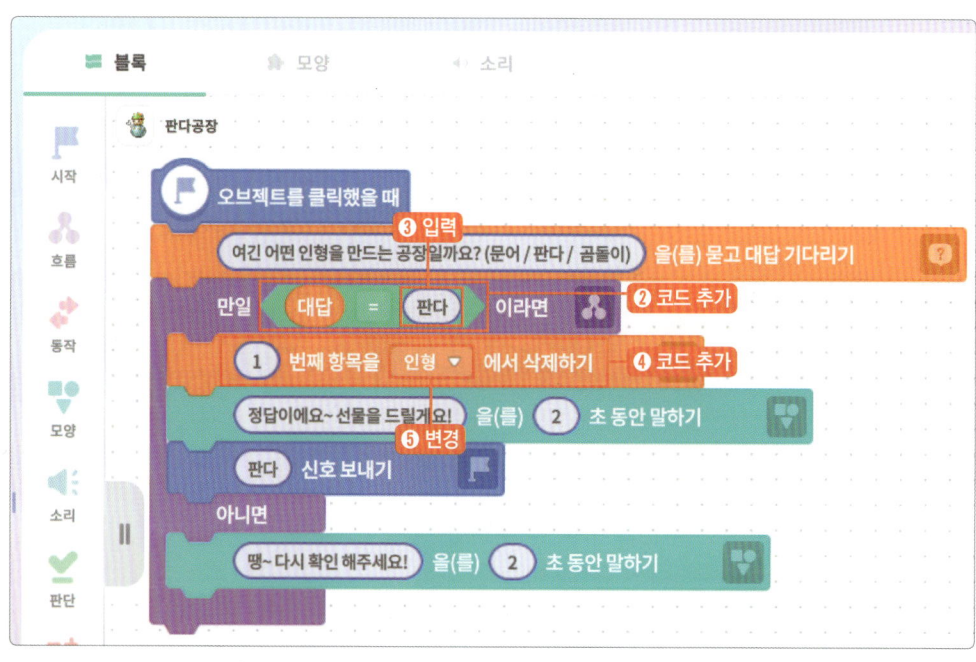

### 여기서 잠깐!

질문에 대한 정답을 맞추면 리스트의 1번째 항목이 삭제돼요!

| 대답이 판다가 아니면 리스트 항목은 3개 | 대답이 판다일 경우 리스트 항목은 2개 |
|---|---|

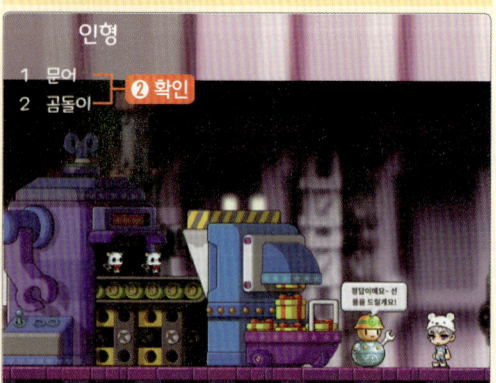

## 03 인형 리스트의 항목 값이 0이면 미션 성공!

1. [곰인형]을 클릭했을 때 '미션 성공' 신호를 보내도록 [시작]- 신호 신호 보내기 코드를 추가하고 신호의 이름은 '미션 성공'으로 수정해요.

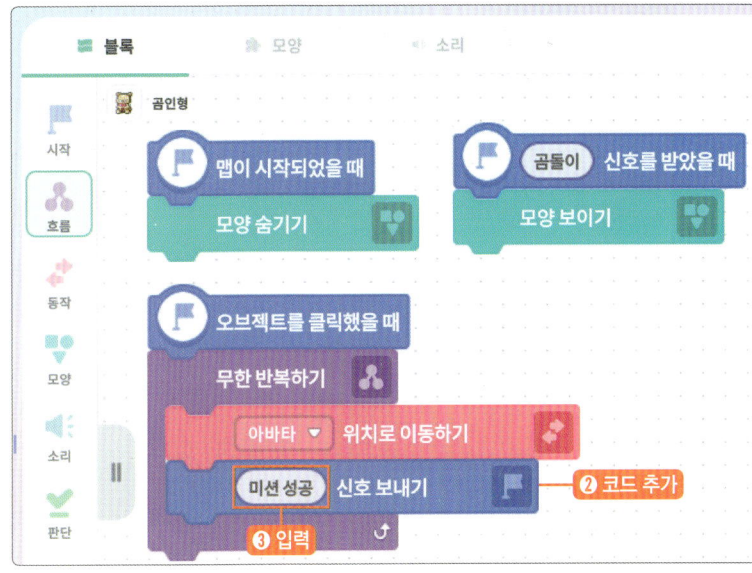

**여기서 잠깐!**
장난감 공장에는 판다 인형, 문어 인형, 곰 인형 공장 3개가 있어요. 각 공장마다 어떤 인형을 만드는지 정답을 맞추면 인형을 받을 수 있어요. 마지막 곰 인형까지 얻으면 미션 성공이에요!

2. [아바타]를 클릭하고 '미션 성공' 신호를 받았을 때 만일 [인형] 리스트의 항목 수가 0이라면 포탈을 사용할 수 있도록 [판단]과 [변수] 블록을 추가해요.

3  [시작하기(▶)]를 클릭하고 첫 번째 인형 공장의 직원을 클릭해서 어떤 인형을 만드는 곳인지 정답을 입력하면 인형을 얻을 수 있어요.(인형을 클릭하면 다음 공장으로 갈 수 있어요.)

4  판다, 문어, 곰 인형 총 3개의 인형을 얻으면 포탈을 사용해서 밖으로 나갈 수 있어요!(인형 리스트의 항목 수가 0이 되었는지 확인해요.)

5  무사히 공장 밖으로 탈출하면 미션 성공이에요~

# CHAPTER 18. 헬로메이플에서 미션 성공하기!

▶ 불러올 파일 : 18차시 미션.mod    ▶ 완성된 파일 : 18차시 미션(완성).mod

💡 헬로메이플 퀴즈에 도전해보자!

**미션 1** [불러올 파일]-[CHAPTER 18]-[18차시 미션.mod] 파일을 선택하고 월드의 이름은 [18차시 미션]으로 저장해요.

**미션 2** [곰인형]을 클릭하고 오브젝트를 클릭했을 때 '공장 변수에 1만큼 더하기'가 되도록 코드를 추가해요.

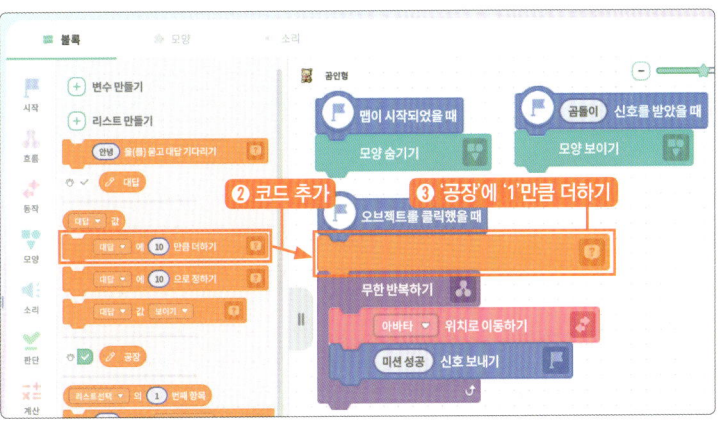

**미션 3** [아바타]를 클릭하고 미션 성공 신호를 받았을 때 '만일 인형의 항목수 = 0 그리고 공장 값 = 3' 이라면 포탈을 사용할 수 있도록 코드를 추가해요.

CHAPTER 18 장난감 인형 공장에서 탈출하자! • 105

# CHAPTER 19 외계인 덕후의 방을 탈출하자!

▶ 불러올 파일 : 19차시 덕후의 방.mod    ▶ 완성된 파일 : 19차시 덕후의 방(완성).mod

- 숨겨진 아이템을 클릭하면 리스트에 이름이 추가되도록 만들자
- 리스트에 아이템 5개가 모두 모이면 방을 탈출할 수 있도록 코딩하자.

### 비밀의 숲 탐험대 이야기

장난감 마을을 탐험하던 중에 우연히 발견한 이상한 방에 갇히고 말았어요.

온 사방에는 외계인을 좋아하는 흔적이 가득하고, 이상한 기운이 감돌아요. "이 방에서 나가고 싶다면… 내 보물을 전부 찾아봐!"

방 안에는 숨겨진 아이템 5개가 있어요. 아이템을 하나씩 클릭할 때마다 숨은 아이템 리스트에 이름이 추가됩니다.

모든 아이템을 찾으면 방 안에 있던 포털이 깨어나며 탈출할 수 있는 길이 열립니다! "정말 대단하군… 나의 보물을 전부 찾아내다니!" 이렇게 아바타는 무사히 외계인 덕후의 방을 탈출하게 됩니다.

## 01 덕후의 방을 탈출하려면 5개의 아이템이 필요해!

**1** 헬로메이플에서 [19차시 덕후의 방.mod] 파일을 불러온 후, 월드 이름을 '19차시 덕후의 방'으로 저장해요.

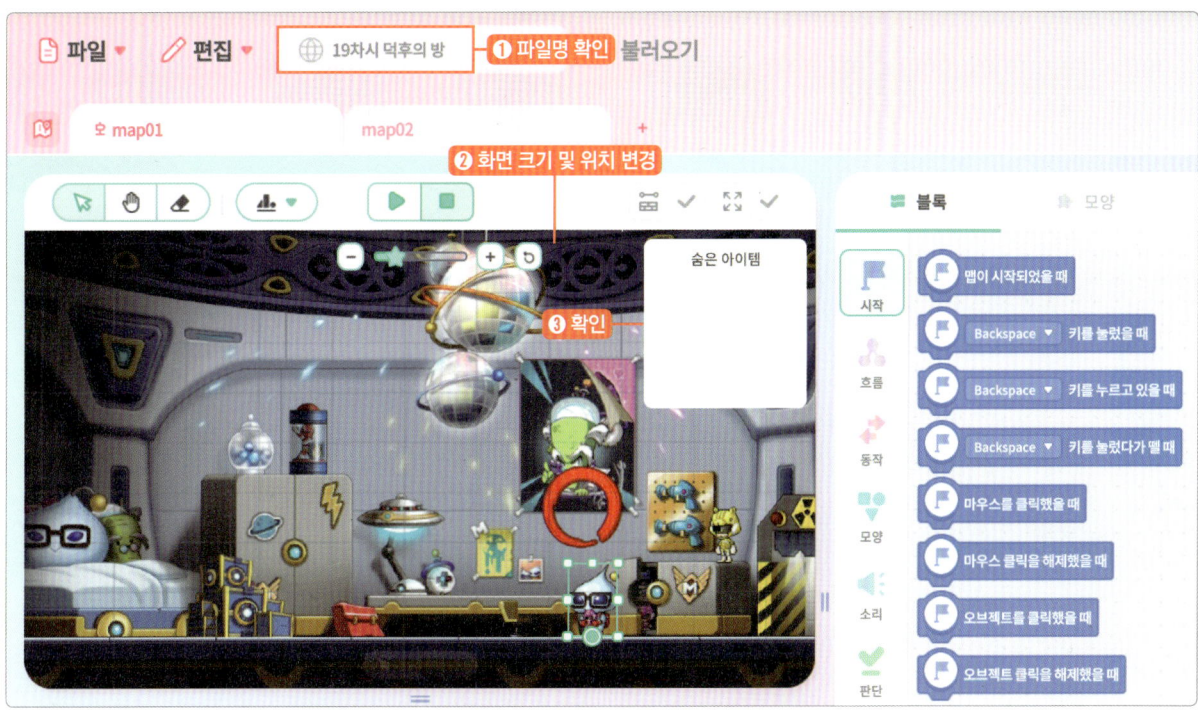

**2** [마우스 커서]를 클릭하고 [계산]- 마우스 x 좌표 블록을 그림과 같이 추가하고 'x'와 'y'로 변경해요.

※ 맵이 시작되었을 때 다음 기능을 실행해요.
 - 무한 반복하기
 x: 마우스의 x좌표 y: 마우스의 y좌표 좌표로 이동하기

**헬로메이플 TiP**

x: 10 y: 10 좌표로 이동하기 블록에 마우스의 x좌표와 y좌표로 설정하면 계속해서 마우스를 따라다녀요!

**3** 덕후의 방에서 탈출하기 위해 총 5개의 아이템을 찾아야 해요. 각 아이템을 클릭했을 때 [숨은 아이템] 리스트에 각 아이템 항목이 추가될 수 있도록 코드를 추가해요.

※ 코드를 완성하고 [여기부터 복사]를 사용해서 다른 아이템에 붙여 넣기해서 사용하면 편해요!

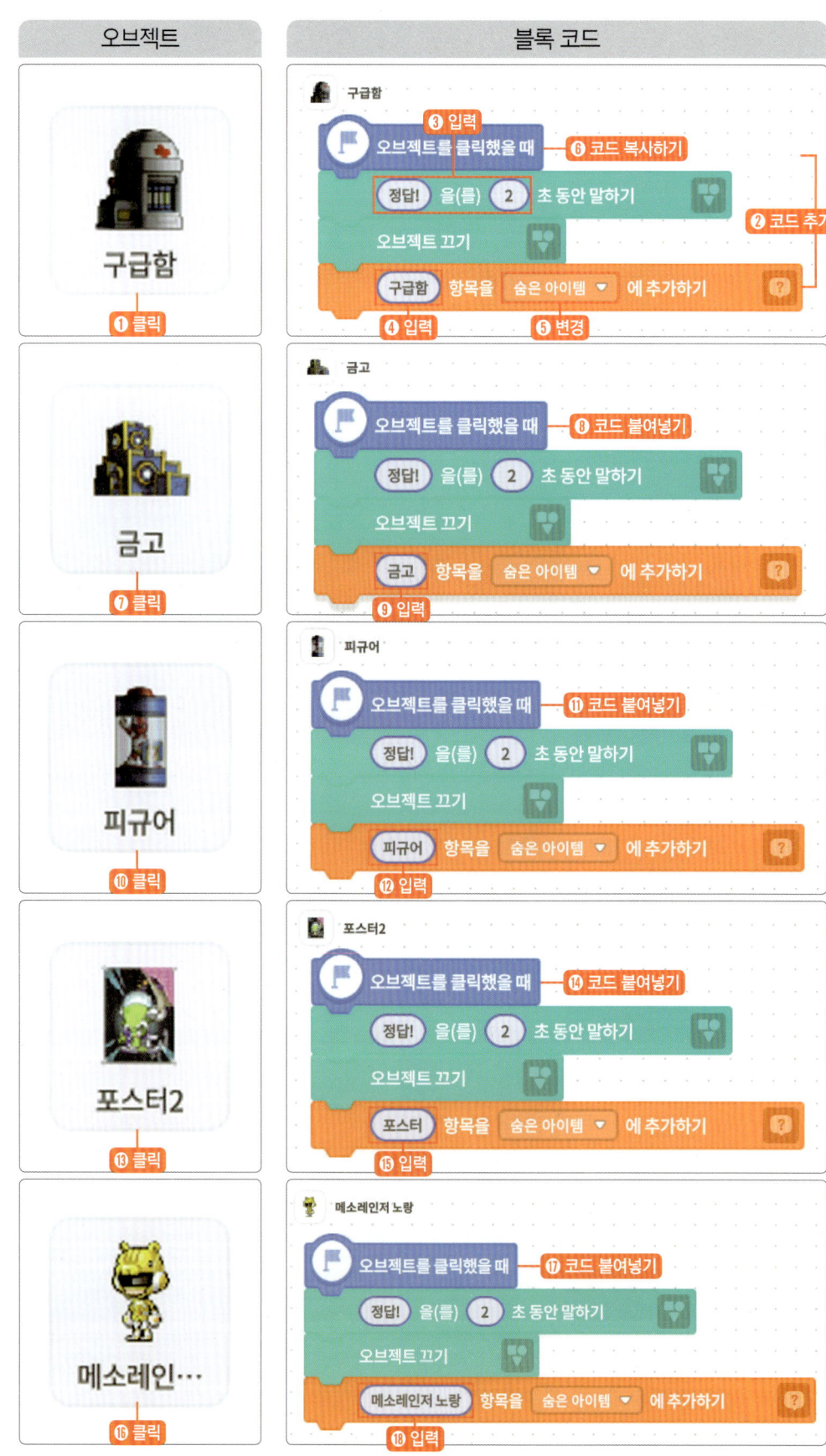

## 02 숨은 아이템을 모두 찾으면 어떻게 될까?

**1** [덕후]를 클릭하고 '만일 숨은 아이템의 항목수 = 5'라면 'map02 맵으로 전환' 될 수 있도록 코드를 추가해요.

❶ 클릭

❷ 코드 추가
❸ 변경
❹ 입력

**여기서 잠깐!**

◆ 맵이 시작되었을 때 숨은 아이템을 클릭할 때마다 리스트에 아이템이 하나씩 추가돼요!
◆ [숨은 아이템] 리스트의 항목이 총 5가 되면 초시계가 정지되고 map02 맵으로 전환되면서 덕후의 방을 탈출 할 수 있어요!

| 숨은 아이템 | 숨은 아이템 |
|---|---|
|  | 1  구급함 |
|  | 2  금고 |
|  | 3  피규어 |
|  | 4  메소레인저 노랑 |
|  | 5  포스터 |

CHAPTER 19 외계인 덕후의 방을 탈출하자! • **109**

## 03 빨리 덕후의 방에서 탈출하자!

**1** [시작하기(▶)]를 클릭하고 덕후의 말이 끝나자마자 초시계가 작동해요. 최대한 빠른 시간 안에 5개의 아이템을 찾아주세요!

**2** 숨은 아이템 5개를 모두 찾으면 탈출 성공이에요~

# CHAPTER 19

## 헬로메이플에서 미션 성공하기!

▶ 불러올 파일 : 19차시 미션.mod   ▶ 완성된 파일 : 19차시 미션(완성).mod

💡 헬로메이플 퀴즈에 도전해보자!

**미션 1** [불러올 파일]-[CHAPTER 19]-[19차시 미션.mod] 파일을 선택하고 월드의 이름은 [19차시 미션]으로 저장해요.

**미션 2** [덕후]를 클릭하고 '만일 초시계 값이 30보다 크거나 같다'면 시간 초과를 2초 동안 말하기 코드를 추가해요.

❶ 클릭

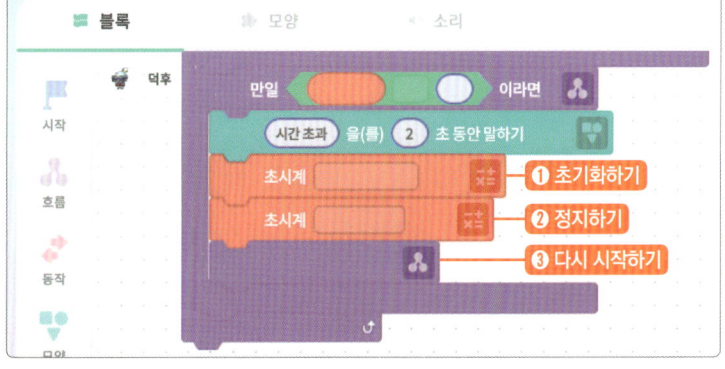

**미션 3** 이어서, 시간 초과를 2초 동안 말한 후, 초시계 초기화하기, 초시계 정지하기, 다시 시작하기 코드를 추가해요.

CHAPTER 19 외계인 덕후의 방을 탈출하자! • 111

# CHAPTER 20 코딩 모험 중간 체크포인트!

📍 불러올 파일 : 20차시 버섯마을.mod   📍 완성된 파일 : 20차시 버섯마을(완성).mod

### 미션 1
[불러올 파일]-[CHAPTER 20] 폴더에 있는 [20차시 버섯마을.mod] 파일을 선택하고 월드의 이름은 [20차시 미션]으로 저장해요.

※ 맵 설명 : 버섯 마을의 손님들이 무작위 순서로 택시를 불러요. 손님의 순서를 확인하고 차례대로 손님을 클릭하면 택시를 이용해서 원하는 목적지까지 데려다주면 미션 성공이에요!

### 미션 2
[갈색버섯]을 클릭하고 <코드 설명>에 맞는 블록 코드를 추가해요.   힌트 🖉 동작 블록

<코드 설명>
오브젝트를 클릭했을 때
- 2초 동안 캡슐 택시의 위치로 이동

❶ 클릭

오브젝트를 클릭했을 때
갈색 신호 보내기
새로운 무기가 나왔다고 하더군 을(를) 3 초 동안 말하기
무기 상점으로 데려다 주게나 을(를) 3 초 동안 말하기

❷ 코드 추가

모양 숨기기

**미션 3**  [갈색버섯 손님]을 클릭하고 <코드 설명>에 맞는 블록 코드를 추가해요.

힌트 🖉 흐름, 변수 블록

<코드 설명>

맵이 시작되었을 때
- 2부터 5사이의 무작위 수 초 기다린다
- 갈색버섯 항목을 손님에 추가하기

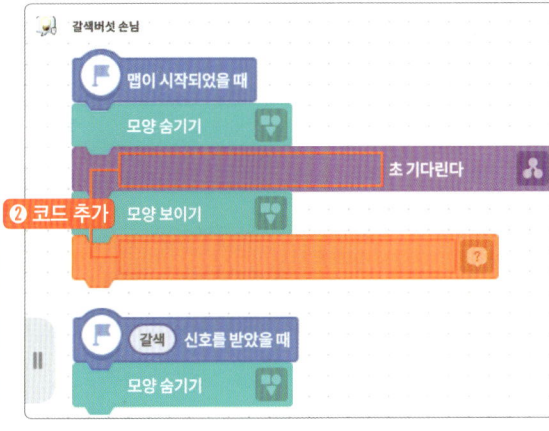

**미션 4**  [캡슐 택시]를 클릭하고 <코드 설명>에 맞는 블록 코드를 추가해요.

힌트 🖉 판단, 동작 블록

<코드 설명>

맵이 시작되었을 때
- 만일 갈색버섯에 닿았는가? 라면
- 3초 동안 버섯 무기상점의 위치로 이동

**미션 5**  버섯마을 손님들의 목적지를 확인하고 O, X로 표시해 주세요.

- 갈색버섯 손님은 버섯 무기상점으로 가요. ( O, X )
- 파란버섯 손님은 버섯 미용실로 가요. ( O, X )
- 분홍버섯 손님은 버섯 병원으로 가요. ( O, X )

CHAPTER 20 코딩 모험 중간 체크포인트! • 113

# CHAPTER 21
## 우주선을 만들 부품을 찾아라!

🚩 불러올 파일 : 21차시 우주선 부품.mod   🚩 완성된 파일 : 21차시 우주선 부품(완성).mod

### 학습목표
- 여러 상자 중 조건에 맞는 아이템(부품)을 찾도록 코딩하자.
- 체력바를 만들고 안전 로봇과 충돌 시 체력이 감소되도록 코딩하자.

### 비밀의 숲 탐험대 이야기

지구를 지키기 위한 탐험! 이번 미션은 우주로 출발하는 우주선을 만들기 위해 지구방위본부에 도착했어요.
우주선을 조립하던 로봇이 말합니다. "우주선 부품이 사라졌어... 상자 5개 중 3개에 부품이 들어 있어! 찾아줘!"
곳곳에 놓인 5개의 상자를 확인해서 부품 3개를 찾아야해요.
조심하세요! 안전 로봇이 곳곳을 순찰 중이에요. 아바타가 안전 로봇에 닿으면 체력이 깎이고, 데미지 숫자가 화면에 표시돼요.
체력을 모두 잃지 않고 부품 3개를 모두 모으면, 우주선을 만들 수 있어요!

# 01 체력 변수의 기본값을 수정하자!

**1** 헬로메이플에 로그인하고 [아바타]를 클릭해요. 이어서, 옷의 이름을 확인하고 옷을 구매해요.

**2** [만들기]-[새로 만들기]를 클릭한 다음 [21차시 우주선 부품.mod] 파일을 불러온 후, 월드 이름을 '21차시 우주선 부품'으로 저장해요.

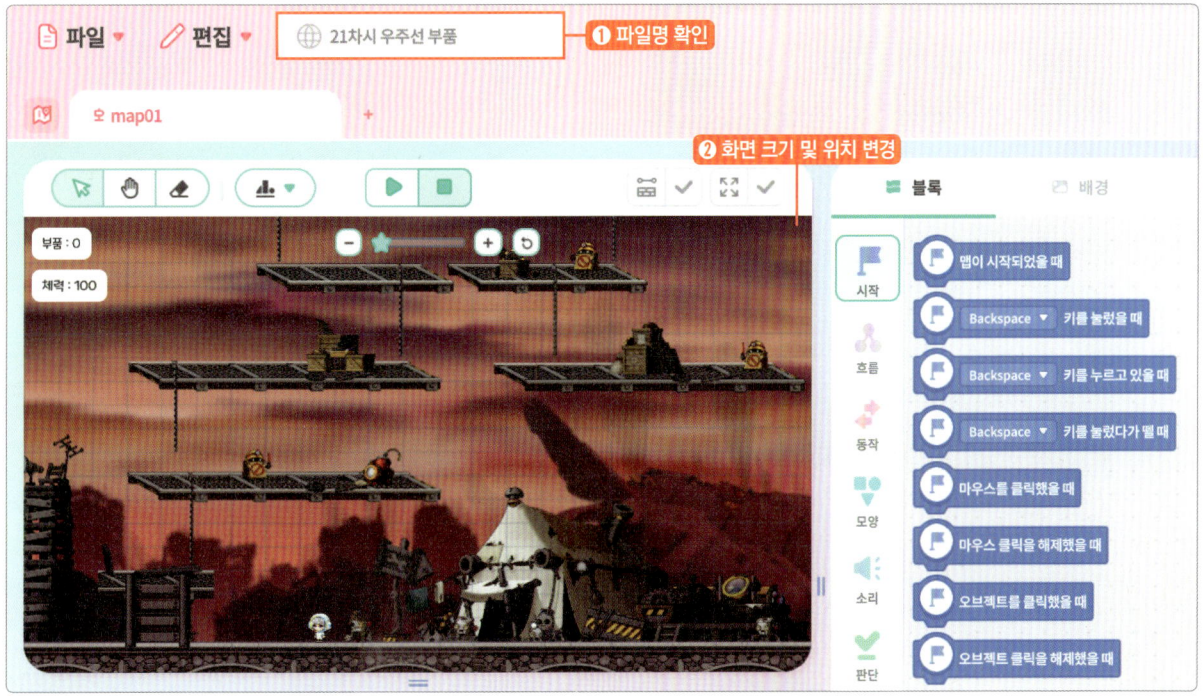

3 [블록] 탭에서 [변수]-생명 을 클릭해요. 이어서, 기본값을 100으로 설정하고, [닫기(X)]를 클릭해요.

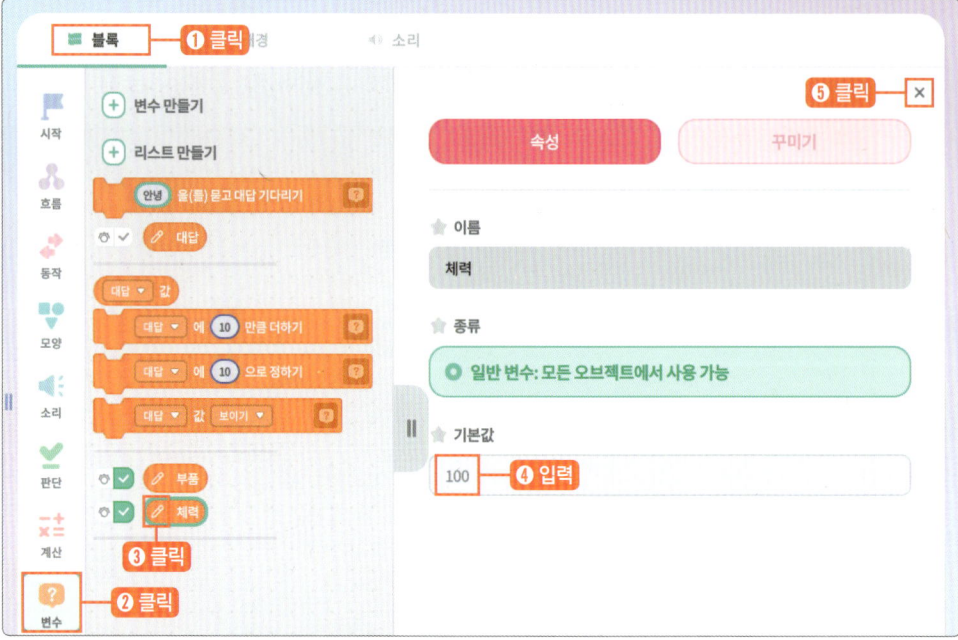

4 [아바타]를 클릭하고 [모양]과 [변수] 블록을 사용해서 다음과 같이 연결해요.

※ 맵이 시작되었을 때 다음 기능을 실행해요.
– 체력 값(변수) % 체력바 보이기
⋯ 만일 안전 로봇에 닿았는가? 또는 안전 로봇_1에 닿았는가? 또는 안전 로봇_2에 닿았는가? 라면
⋯ 20 대미지 숫자 보여주기, 체력(변수)에 –20만큼 더하기, 아픈 표정으로 1초 동안 바꾸기

체력바 보이기 전

대미지 숫자

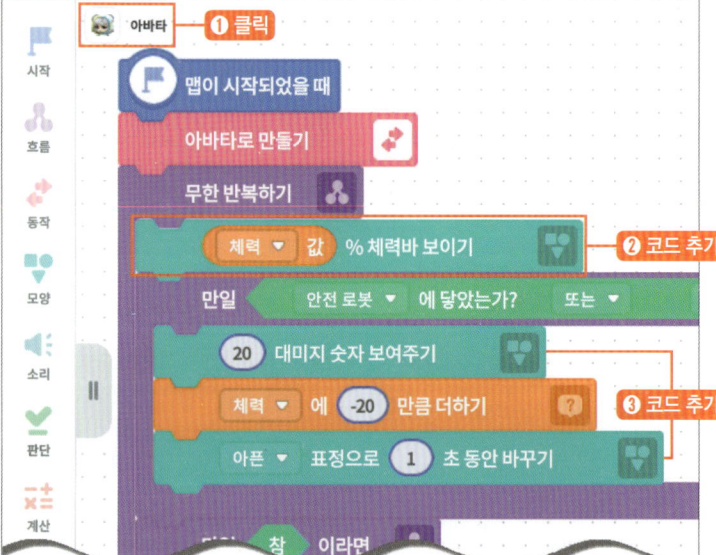

체력바 보이기 후

아픈 표정

**게임에 필요한 오브젝트(상자, 부품)에 코딩하자!**

1. [상자_1]를 클릭하고 아바타에 닿았고 Ctrl 키를 누르고 있을 때라면 모양이 숨겨지도록 [흐름], [판단], [모양] 블록을 사용해서 다음과 같이 연결해요.

    ※ 맵이 시작되었을 때 다음 기능을 실행해요.
    - 무한 반복하기
        ·· 만일 아바타에 닿았는가? 그리고 Ctrl 키를 누르고 있을 때라면
            ··· 모양 숨기기

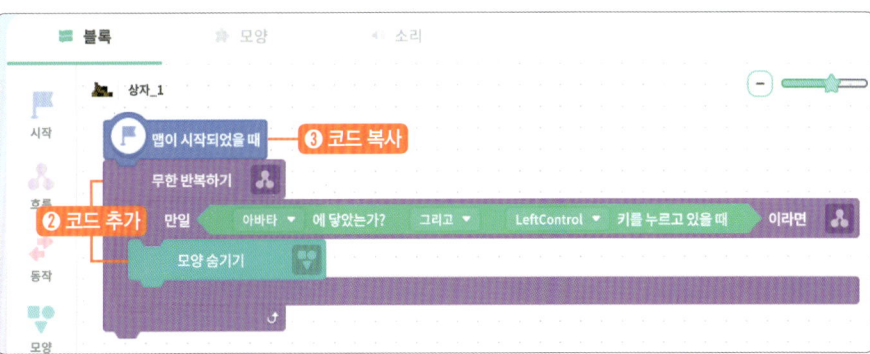

2. [상자_1]에서 작성한 전체 코드를 복사해서 [부품_1]에 붙여 넣은 다음 Ctrl 을 Z 로 변경해요. 이어서, [변수] 블록을 사용해서 '부품(변수)에 1만큼 더하기' 코드를 추가해요.

    ※ 맵이 시작되었을 때 다음 기능을 실행해요.
    - 무한 반복하기
        ·· 만일 아바타에 닿았는가? 그리고 Z 키를 누르고 있을 때라면
            ··· 부품(변수)에 1만큼 더하기
            ··· 모양 숨기기

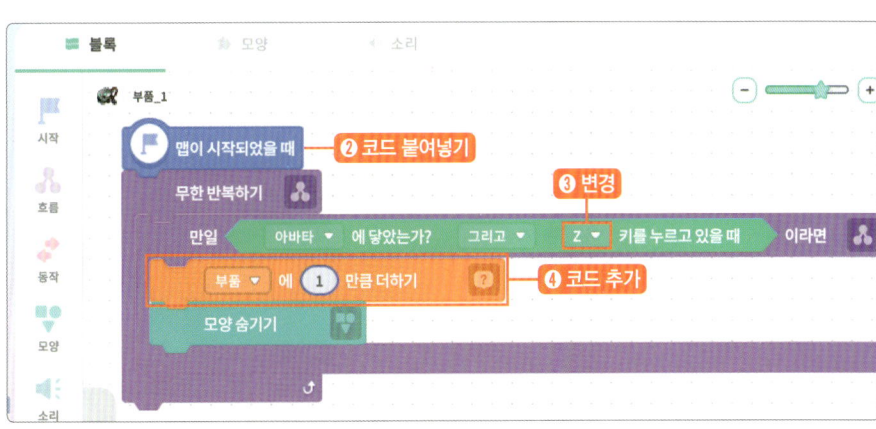

 **여기서 잠깐!**

- [상자_1]에서 [부품_1]으로 코드를 복사할 때는 [상자_1]에서 복사할 코드에서 [마우스 오른쪽 단추]-[여기부터 복사]를 클릭하고, [부품_1]에서 [마우스 오른쪽 단추]-[복사한 내용을 붙여넣기]하면 돼요!
- [여기부터 복제]는 같은 오브젝트에서 코드를 복사할 때 사용해요!

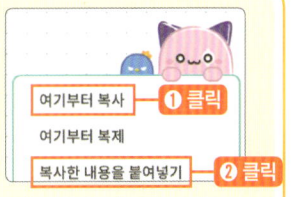

## 03 변수 값에 따라 미션 성공 또는 미션 실패가 되도록 코딩하자!

**1** [아바타]를 클릭하고 [판단], [변수], [모양] 블록을 사용해서 다음과 같이 코드를 추가해요.

※ 맵이 시작되었을 때 다음 기능을 실행해요.
 - 만일 부품 값이 3이라면
   ·· 체력바 숨기기
 - 만일 체력 값이 0이라면
   ·· 죽음 모양으로 변경하고 화면에 게임 오버... 메시지 보여주기

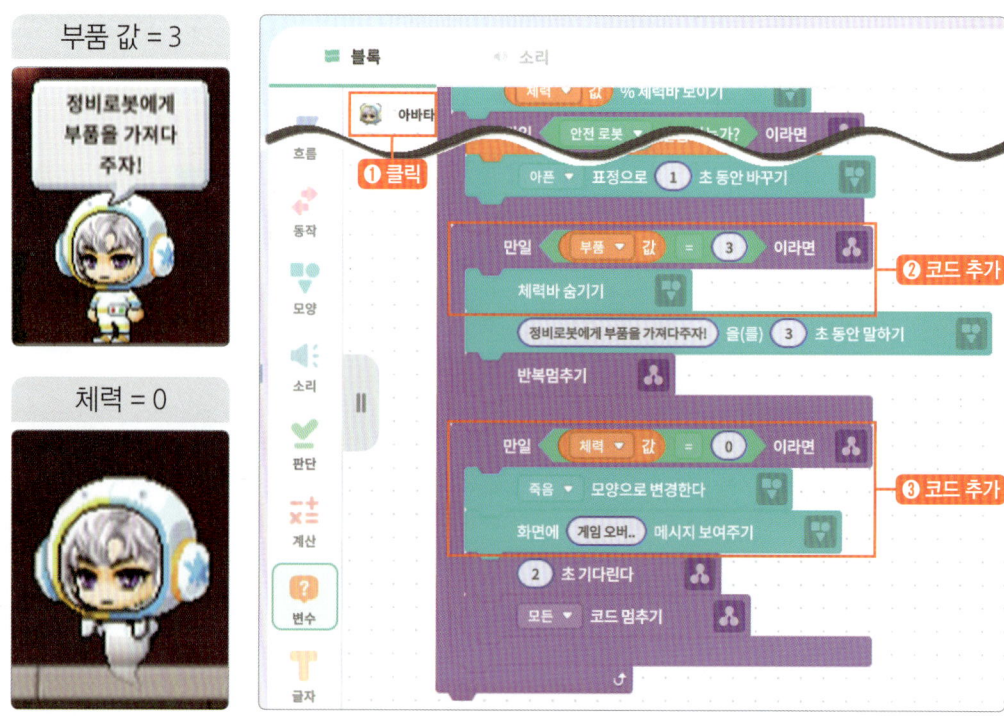

**2** [시작하기(▶)]를 클릭하고 안전 로봇을 조심해서 5개 상자 안에 숨어 있는 부품 3개를 모아서 [정비 로봇]에게 가져다주면 우주선을 만들어줄 거예요!

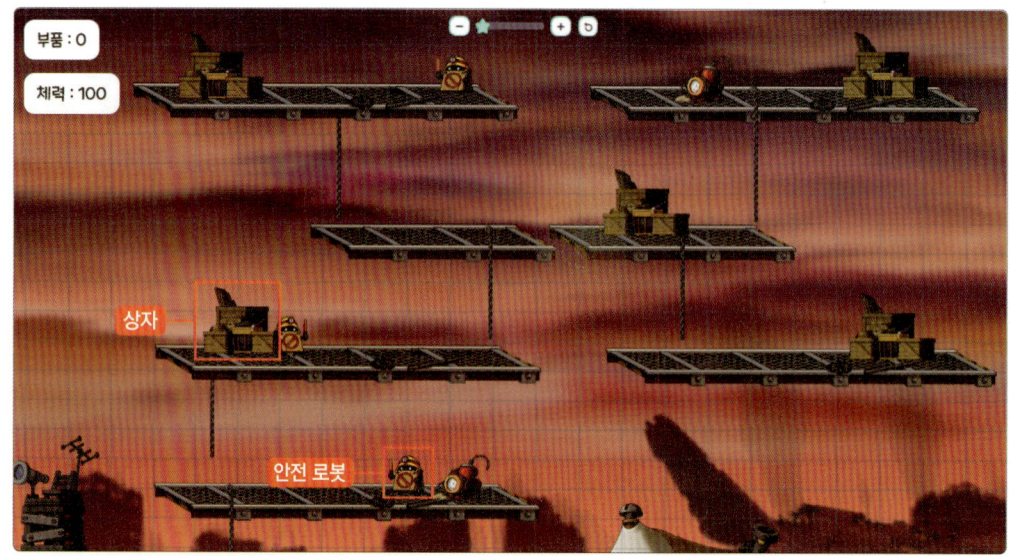

# CHAPTER 21 헬로메이플에서 미션 성공하기!

▶ 불러올 파일 : 21차시 미션.mod    ▶ 완성된 파일 : 21차시 미션(완성).mod

💡 헬로메이플 퀴즈에 도전해보자!

**미션 1** [불러올 파일]-[CHAPTER 21]-[21차시 미션.mod] 파일을 선택하고 월드의 이름은 [21차시 미션]으로 저장해요.

**미션 2** [아바타]를 클릭하고 만일 안전 로봇에 닿았을 때 '피격 소리 재생'하고, 만일 체력 값이 0이라면 '죽음 소리 재생'하도록 코드를 추가해요.

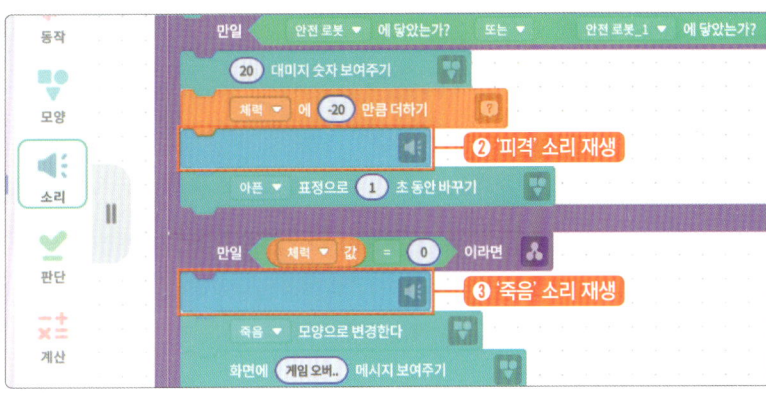

**미션 3** [배경]을 클릭하고 [소리] 탭-[소리 고르기]를 클릭하고 [sound-2] 소리로 설정해요.

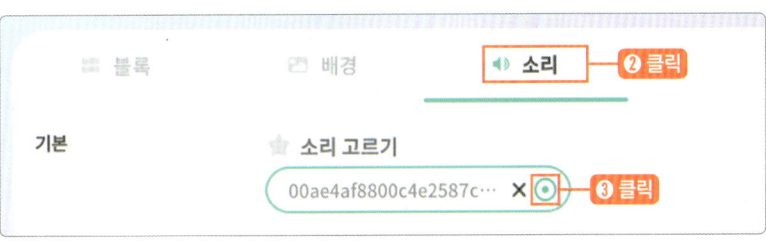
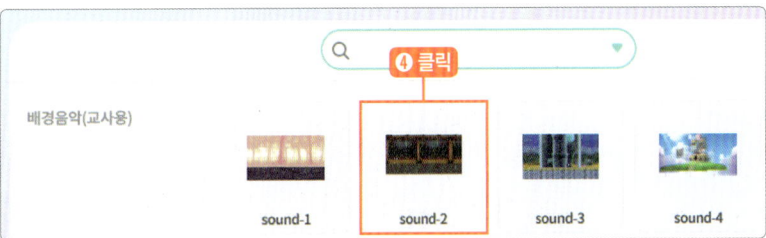

CHAPTER 21 우주선을 만들 부품을 찾아라! • 119

# CHAPTER 22
## 외계인의 감시를 피해 탈출하자!

🚩 불러올 파일 : 22차시 외계인.mod   🚩 완성된 파일 : 22차시 외계인(완성).mod

- 리스트에 저장된 값을 바탕으로 색상에 따라 힌트를 제공하는 기능을 만들자.
- 도깨비 불을 클릭해 힌트를 얻고, 기계 장치에 비밀번호를 입력하여 탈출하자.

### 비밀의 숲 탐험대 이야기

우주선을 타고 새로운 별에 도착했지만, 갑자기 외계인에게 납치당하고 말았어요!
깨어나 보니 낯선 기지 안, 외계인들이 만든 이상한 공간에 갇혀 있습니다.

"이곳에서 탈출하려면 비밀번호 5자리를 맞춰야 해!" 탈출 기계 장치에는 다섯 자리 숫자를 입력할 수 있는 칸이 있어요.

그런데 주변을 둘러보니 5마리의 도깨비 불이 떠다니고 있어요. 도깨비 불을 모두 클릭해서 색상 힌트를 확인하고, 비밀번호를 입력한 뒤 탈줄 기계를 작동시켜보세요.

정답을 입력하면 우주선으로 향하는 포털이 열리고, 포털을 지나면 우주선 앞에 서 있는 로봇이 있는 곳에 도착하면 미션 성공!

## 01 비밀번호에 대한 힌트 리스트를 만들자!

**1** 헬로메이플에서 [22차시 외계인.mod] 파일을 불러온 후, 월드 이름을 '22차시 외계인'으로 저장해요.

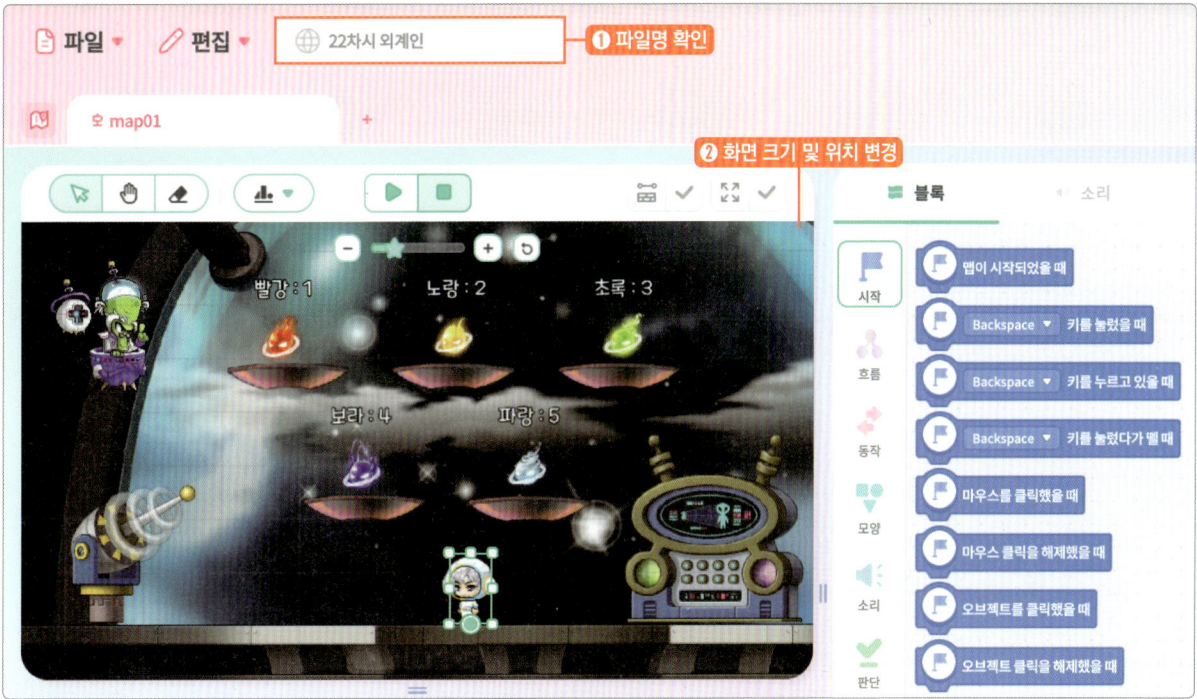

**2** [블록] 탭에서 [변수]-[리스트 만들기]를 클릭해요. 이어서, 리스트의 이름은 '힌트'로 입력하고 [확인] 단추를 클릭해요.

CHAPTER 22 외계인의 감시를 피해 탈출하자! • **121**

3 [블록] 탭에서 [변수]-[힌트]를 클릭해요. 이어서, 기본값을 5로 설정한 다음 [닫기(X)]를 클릭해요.

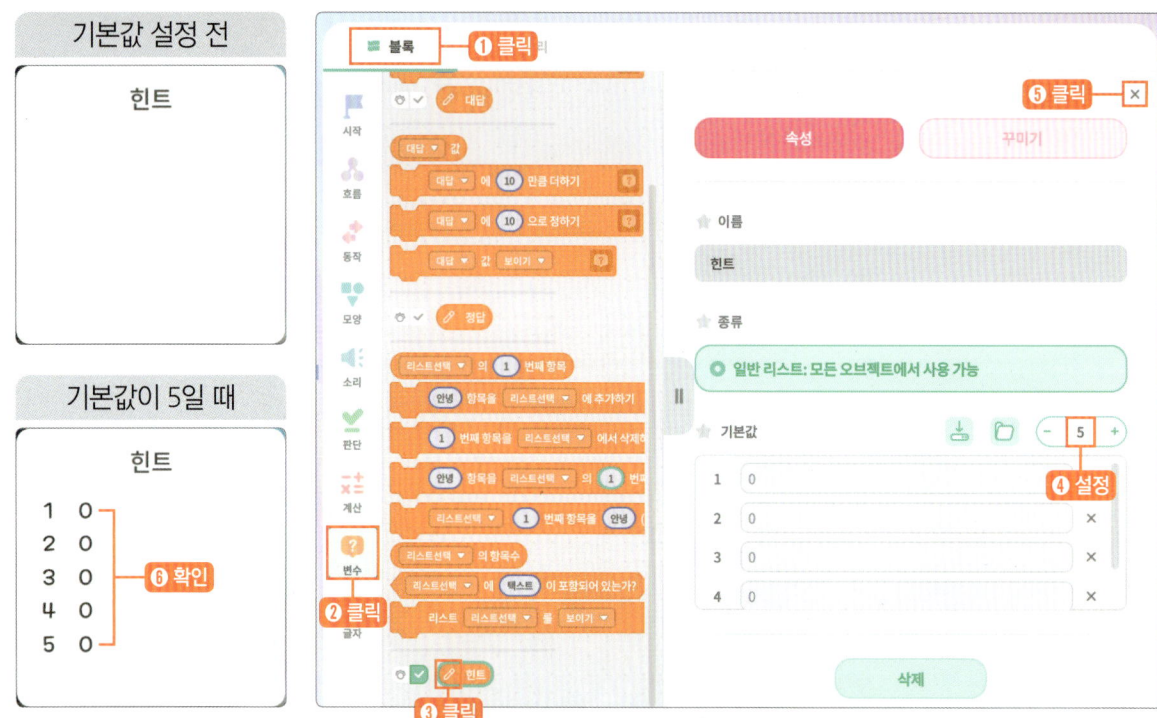

4 [보라]와 [파랑]을 클릭하고 리스트 번호의 항목을 변경하는 코드를 추가해요.

※ 코드를 완성하고 [여기부터 복사]를 사용해서 [파랑] 오브젝트에 붙여 넣기 해서 사용하면 편해요!

※ [빨강], [노랑], [초록] 오브젝트의 코드를 확인하고 리스트의 이름이 [힌트]로 설정되도록 변경해주세요!

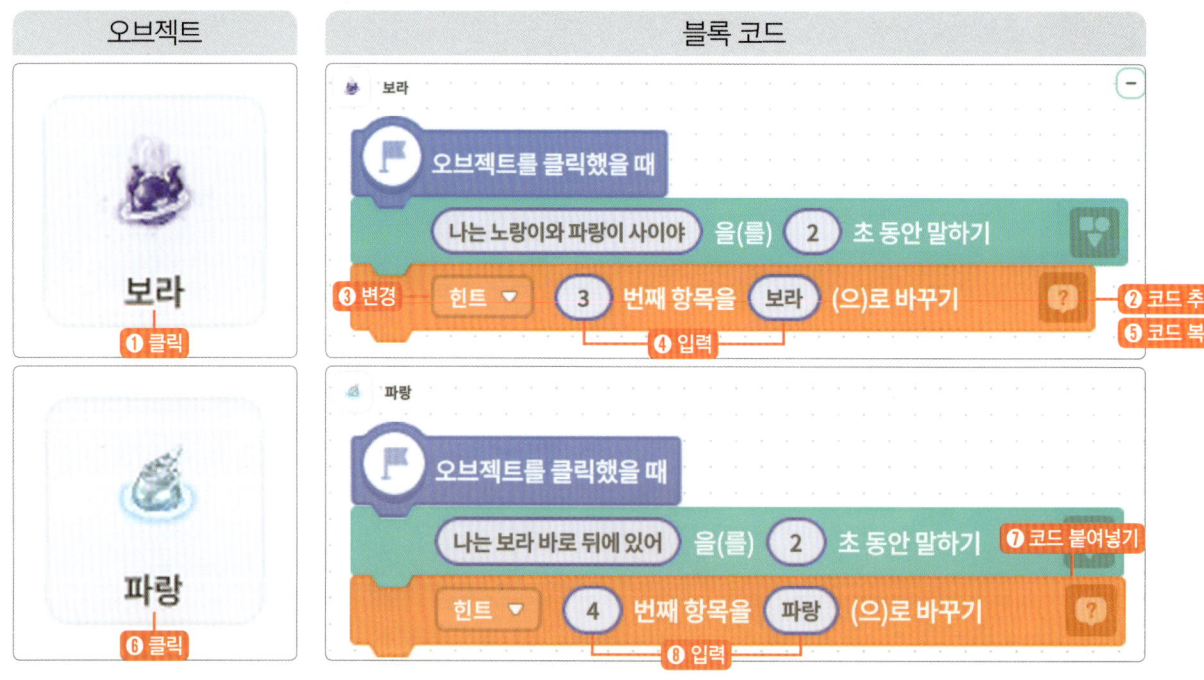

여기서 잠깐!
비밀번호는 총 5자리에요! 빨강부터 파랑까지 총 5마리 외계인의 순서를 확인해서 비밀번호를 맞춰야 해요.

**기계 장치를 클릭해서 비밀번호를 입력해보자!**

**1** [시작하기(▶)]를 클릭하고 순서에 상관없이 [빨강]부터 [파랑] 외계인을 클릭하면 [힌트] 리스트에 값이 변경되는 것을 확인할 수 있어요. (리스트를 확인하고 [멈추기(■)]를 클릭해요.)

**2** [기계장치]를 클릭했을 때 '비밀번호를 입력해주세요 (숫자 5자리)를 묻고 대답 기다리기' 코드를 추가하고 만일 '대답 값 = 정답 값' 이라면 포털 신호를 보내도록 코드를 추가해요.

※ 정답(변수) 값은 미리 설정되어 있어요!

CHAPTER 22 외계인의 감시를 피해 탈출하자! **123**

## 03 알록달록 외계인을 클릭하고 힌트를 얻어서 탈출하자!

**1** [시작하기(▶)]를 클릭하고 [빨강]~[파랑] 외계인을 클릭해서 힌트를 얻은 다음 [기계 장치]를 클릭해요. 비밀번호는 무엇일까요?

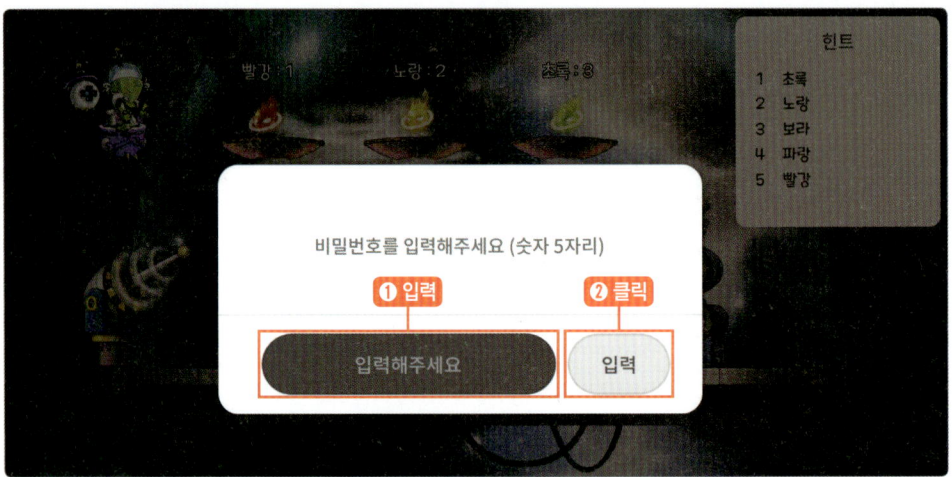

**2** 비밀번호를 제대로 입력하면 포털을 사용해서 우주선이 있는 곳과 연결된 포털로 이동할 수 있어요!

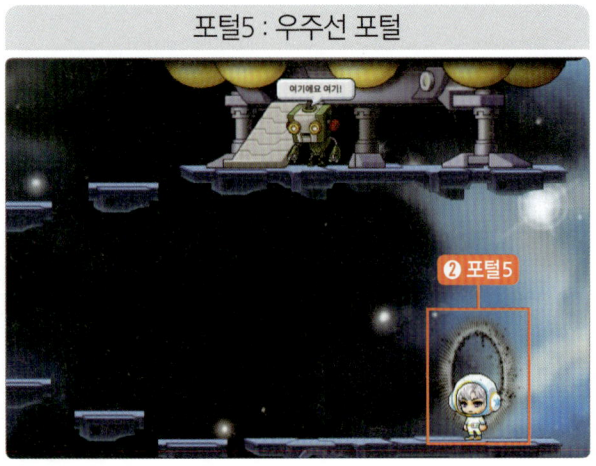

**3** 아슬아슬 발판을 지나서 로봇에게 닿으면 미션 성공이에요!

## 헬로메이플에서 미션 성공하기!

🔵 불러올 파일 : 22차시 미션.mod  🔴 완성된 파일 : 22차시 미션(완성).mod

💡 헬로메이플 퀴즈에 도전해보자!

**미션 1** [불러올 파일]-[CHAPTER 22]-[22차시 미션.mod] 파일을 선택하고 월드의 이름은 [22차시 미션]으로 저장해요.

**미션 2** [로봇]을 클릭하고 오브젝트를 클릭했을 때 '힌트 리스트에 3번째 항목의 이름은?'을 묻고 '만일 대답이 힌트의 3번째 항목과 같다면' 정답이에요~를 말하고 반복을 멈출 수 있도록 코드를 추가해요.

❶ 클릭

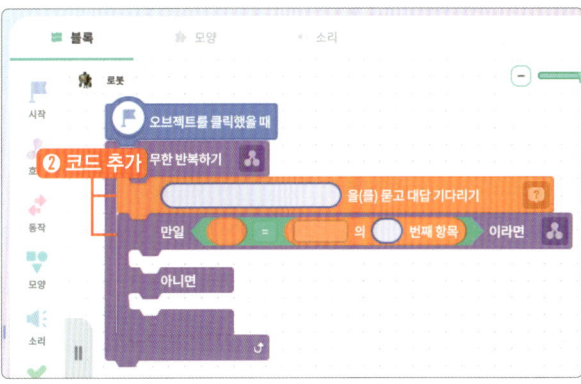
❷ 코드 추가

**미션 3** [로봇]을 클릭하고 만일 정답을 맞추면 '정답이에요~를 2초 동안 말하고 반복 멈추기'가 되도록 코드를 추가하고, 만일 정답을 맞추지 못하면 '다시 확인해주세요!를 2초 동안 말하기' 코드를 추가해요.

❶ 클릭

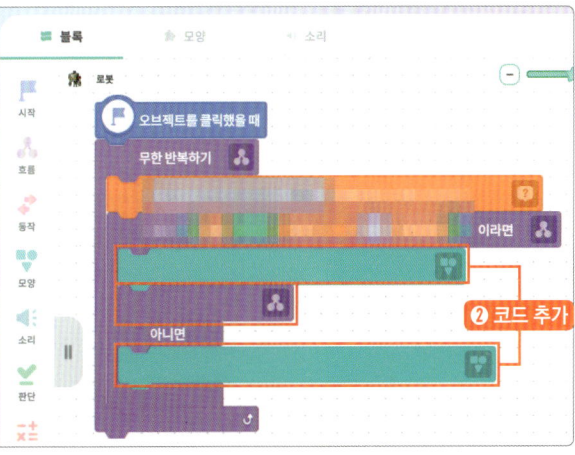
❷ 코드 추가

CHAPTER 22 외계인의 감시를 피해 탈출하자!

# CHAPTER 23
## 우주선을 지켜라! 외계인의 침공을 막아내자!

🔹 불러올 파일 : 23차시 우주탈출.mod    🔹 완성된 파일 : 23차시 우주탈출(완성).mod

**학습목표**
- 우주선을 움직여서 총알을 발사하고 외계인/비행선에 맞추어 점수가 올라가게 하자.
- 점수 100점에 도달하면 포털을 열고, 생명이 0이 되면 게임을 종료해보자.

### 비밀의 숲 탐험대 이야기

우주선을 타고 겨우 탈출했지만… 위기는 끝나지 않았어요! 창밖을 보니 비행선과 외계인 무리가 우리 우주선을 뒤쫓고 있어요.

"으악! 또 공격이야! 이번엔 우리가 방어해야 해!" 우리도 급히 레이저 총알을 장착하고 공격을 시작합니다.

총알을 쏴서 외계인과 비행선을 맞추면 점수가 올라가요! 반대로 외계인이나 비행선이 우주선에 닿으면 생명이 깎여요.

점수가 100점이 되면 마을로 가는 포털이 열리고 생명이 0이 되면 게임 오버!

## 01 생명 변수의 기본값을 수정하자!

**1** 헬로메이플에서 [23차시 우주탈출.mod] 파일을 불러온 후, 월드 이름을 '23차시 우주탈출'으로 저장해요.

※ [01.게임설명] 맵에 있는 <우주 탈출 방법>을 확인해주세요!

**2** [블록] 탭에서 [변수]-생명 을 클릭해요. 이어서, 기본값을 10으로 설정하고, [닫기(X)]를 클릭해요.

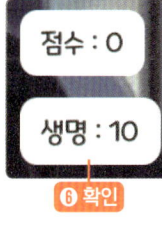

CHAPTER 23 우주선을 지켜라! 외계인의 침공을 막아내자! • 127

## 02 아바타가 타고 있는 우주선을 움직여보자!

**1** [02.우주탈출] 맵에서 [우주선]을 클릭하고 맵이 시작되었을 때 ←, → 키를 누르면 좌우로 이동할 수 있도록 [흐름], [판단], [동작] 블록을 사용해서 다음과 같이 연결해요.

※ 맵이 시작되었을 때 다음 기능을 실행해요.
- 화면이 오브젝트 따라다니기
- 무한 반복하기
 ·· 만일 ←, → 키를 누르고 있을 때라면
  ··· x좌표를 10, -10 만큼 바꾸기

우주선

❶ 클릭

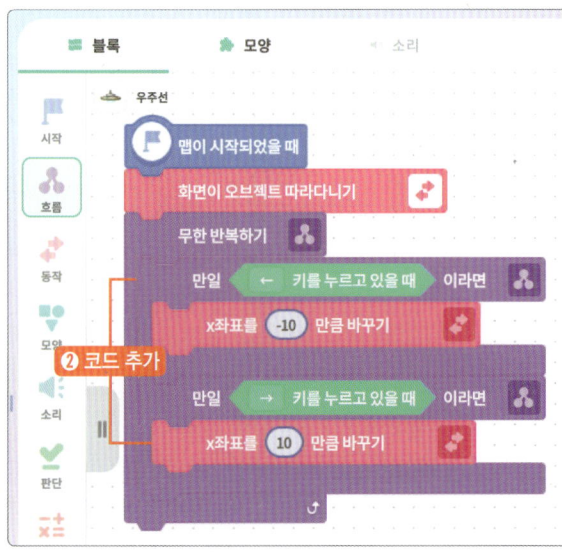

**2** 이어서, 생명(변수) 값이 0이라면 모양을 변경하면서 모든 코드가 멈추도록 [흐름], [판단], [변수], [모양] 블록을 사용해서 다음과 같이 연결해요.

※ 맵이 시작되었을 때 다음 기능을 실행해요.
- 만일 생명 값이 0이라면
 ·· 죽음 모양으로 변경한다
 ·· 화면에 게임 오버.. 메시지 보여주기
 ·· 모든 코드 멈추기

기본 모양

죽음 모양

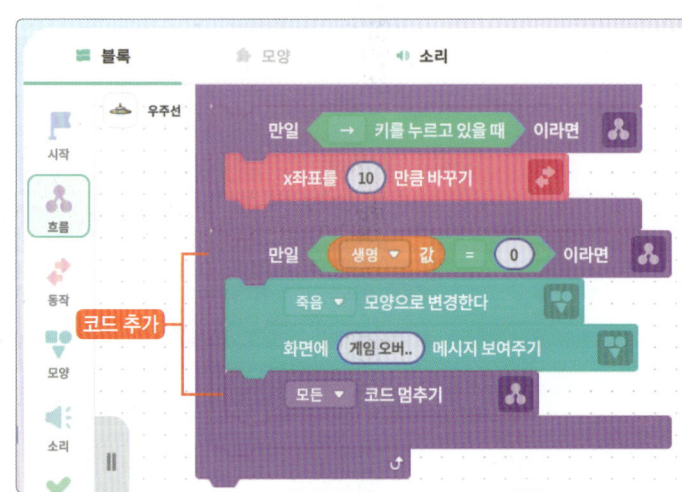

## 03 총알을 사용해서 외계인과 UFO를 공격하자!

**1** [총알]을 클릭하고 맵이 시작되었을 때 계속해서 우주선 위치로 이동하고 만일 Space Bar 키를 누르고 있을 때라면 자신을 복제하는 [동작], [판단], [흐름] 코드를 추가해요.

※ 맵이 시작되었을 때 다음 기능을 실행해요.
- 모양 숨기기
 ‥ 무한 반복하기
  … 우주선 위치로 이동하기
  … 만일 Space Bar 키를 누르면
  … 자신을 복제하고 0.1초 기다리기

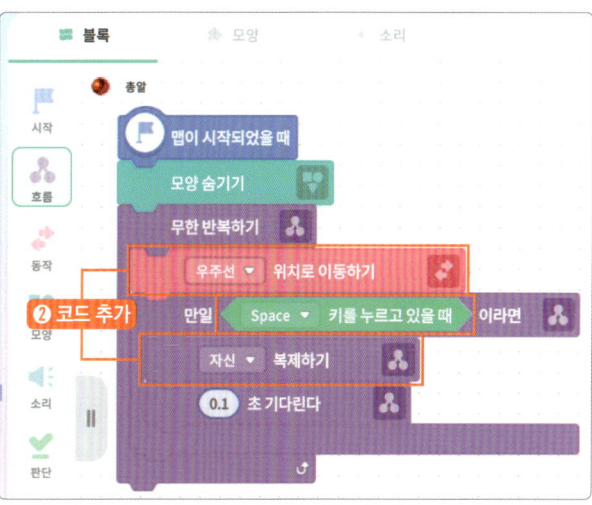

**2** [총알] 복제본이 처음 생성되었을 때 총알이 발사되면서 UFO에 닿으면 점수(변수)에 10만큼 더하고, 외계인1 또는 외계인2에 닿으면 5만큼 더하도록 [판단]과 [변수] 코드를 추가해요.

※ 복제본이 처음 생성되었을 때 다음 기능을 실행해요.
- 만일 UFO에 닿으면 점수 변수에 10만큼 더하고 이 복제본 삭제하기
- 만일 외계인1 또는 외계인2에 닿으면 점수 변수에 5만큼 더하고 이 복제본 삭제하기

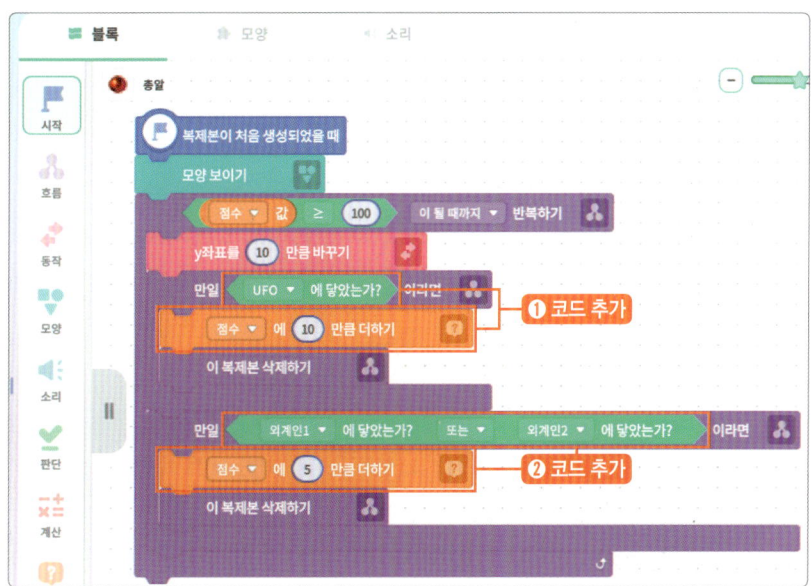

CHAPTER 23 우주선을 지켜라! 외계인의 침공을 막아내자! • 129

## 04 점수가 100점 이상일 때 포털이 열리도록 하자!

**1** [포털]을 클릭하고 맵이 시작되었을 때 오브젝트가 보이지 않도록 설정하고, 만일 점수(변수) 값이 100 이상이라면 오브젝트가 보일 수 있도록 [모양], [판단], [변수] 코드를 추가해요.

※ 맵이 시작되었을 때 포털 오브젝트를 껐다가 점수가 100 이상일 경우 포털 오브젝트 켜기

※ 오브젝트를 클릭했을 때 03.게임종료 맵으로 전환

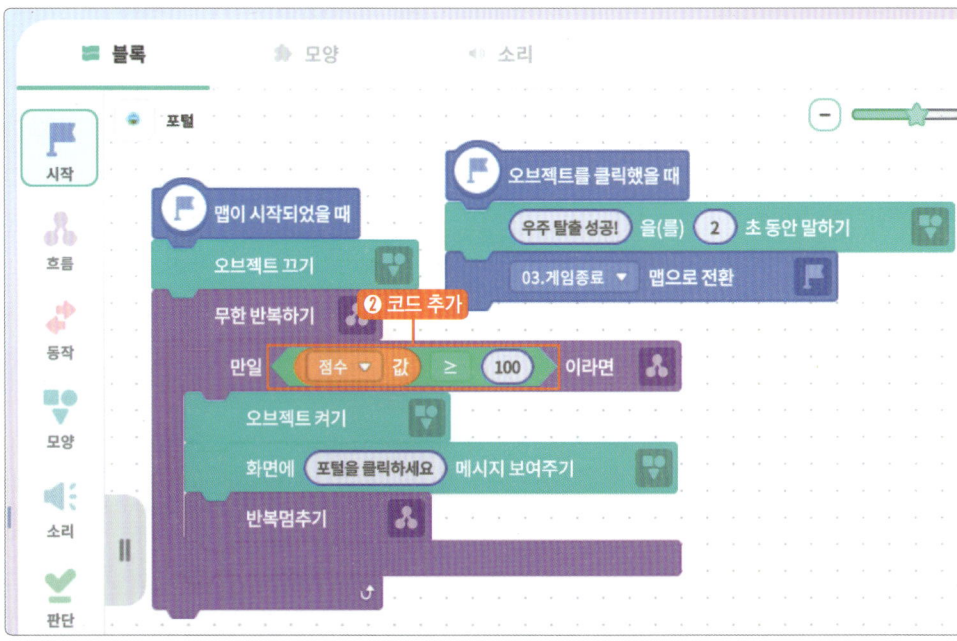

**2** [시작하기(▶)]를 클릭하고 우주 탈출 방법에 대해 꼼꼼히 확인해요. 이어서, 생명이 감소되지 않도록 조심해서 점수를 획득해 주세요!

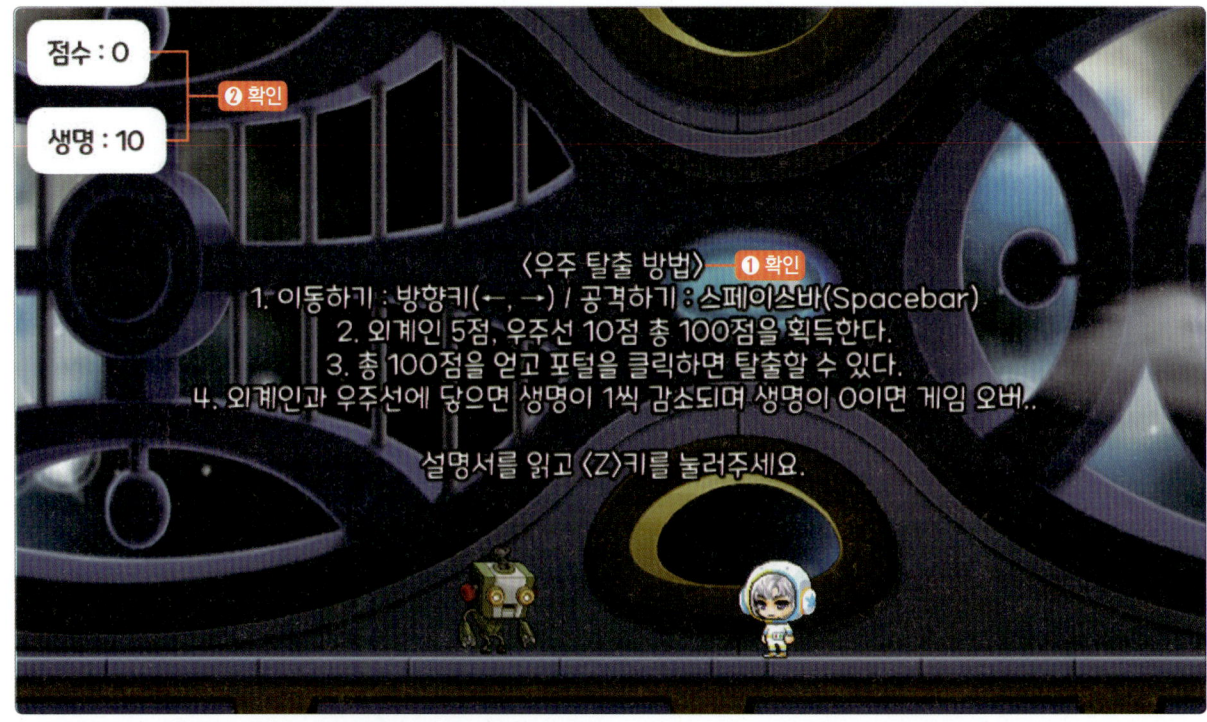

# CHAPTER 23

## 헬로메이플에서 미션 성공하기!

▶ 불러올 파일 : 23차시 미션.mod  ▶ 완성된 파일 : 23차시 미션(완성).mod

💡 헬로메이플 퀴즈에 도전해보자!

**미션 1** [불러올 파일]-[CHAPTER 23]-[23차시 미션.mod] 파일을 선택하고 월드의 이름은 [23차시 미션]으로 저장해요.

**미션 2** [02. 우주탈출] 맵에서 [우주선]을 클릭하고 ↑, ↓ 키를 누르면 위아래로 이동할 수 있도록 코드를 추가해요. (위아래로 이동하려면 y좌표를 10만큼 바꿔요.)

우주선
❶ 클릭

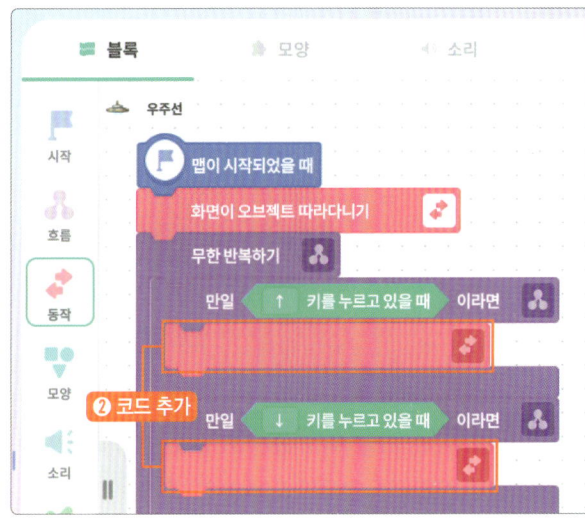
❷ 코드 추가

**미션 3** 이어서, '체력 값 × 10 % 체력바 보이기' 코드를 추가해요.

체력 = 10일 때

체력 = 5일 때

코드 추가

CHAPTER 23 우주선을 지켜라! 외계인의 침공을 막아내자! • **131**

# CHAPTER 24 코딩 모험 중간 체크포인트!

■ 불러올 파일 : 24차시 선물.mod   ■ 완성된 파일 : 24차시 선물(완성).mod

**미션 1** [불러올 파일]-[CHAPTER 24] 폴더에 있는 [24차시 슬라임.mod] 파일을 선택하고 월드의 이름은 [24차시 미션]으로 저장해요.

※ 맵 설명 : 마우스를 사용해서 슬라임을 클릭해서 점수를 얻을 수 있어요! 제한시간 30초 안에 점수가 10점이면 미션 성공! 만일 생명이 0이거나 시간이 초과하면 미션 실패!

**미션 2** [초록 슬라임]을 클릭하고 <코드 설명>에 맞는 블록 코드를 추가해요.

　　　　판단, 변수, 모양 블록

<코드 설명>
표적에 닿았는가? 그리고
마우스를 클릭했는가?
점수에 1만큼 더하기
죽음 모양으로 변경한다

**미션 3** [성공]을 클릭하고 <코드 설명>에 맞는 블록 코드를 추가해요.  **힌트** 계산, 판단, 변수 블록

<코드 설명>
초시계 시작하기
만일 점수 값=10 그리고
초시계 값 ≤ 30 이라면
초시계 멈추기

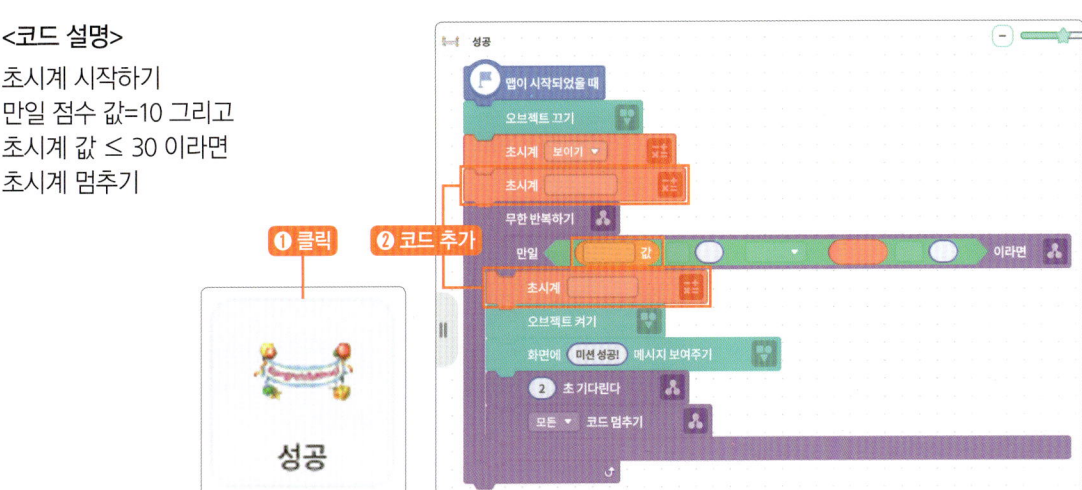

**미션 4** [실패]를 클릭하고 <코드 설명>에 맞는 블록 코드를 추가해요.
**힌트** 판단, 변수, 계산 블록

<코드 설명>
만일 생명 값=0 또는
초시계 값 > 30 이라면
초시계 정지하기

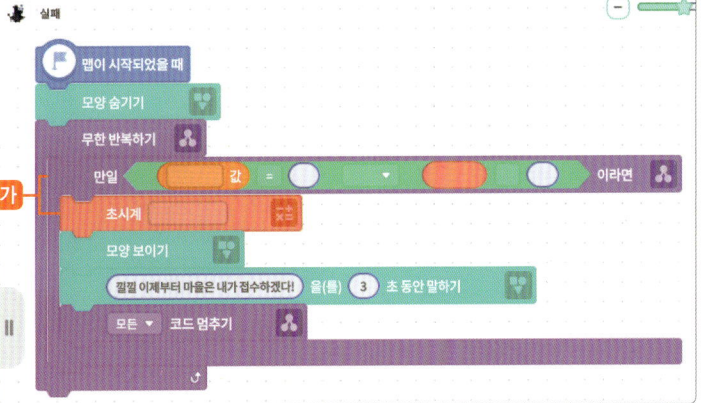

**미션 5** 슬라임 처치 미션을 성공하고 O, X로 표시해 주세요.

- 게임 설명을 읽고 게임을 시작하려면 <C> 키를 눌러야해요. ( O, X )
- 빨간 슬라임을 클릭하면 생명이 1씩 감소해요. ( O, X )
- 점수와 생명 2개의 변수를 사용하고, 점수는 총 10점, 생명은 5점으로 설정되어 있어요. ( O, X )

# K마블 소개

아카데미소프트와 코딩아지트의 컴교실 **타자 프로그램**

 **V2.0 업그레이드**

[K마블이란?]

[K마블 인트로]

## 업그레이 된 K마블 V2.0을 만나보세요!

▶ 키우스봇과 함께하는 **무료 타자프로그램!**
▶ **영문 버전** 오픈
▶ 온라인 대전 **2 VS 2** 모드 출시
▶ 나만의 **커스텀 캐릭터** 기능 오픈

**100% 무료 타자프로그램**

K마블 V 2.0으로 한글·영문 타자연습 모두 가능해요!!

전체 메뉴

K마블 튜토리얼

커스텀 프로필

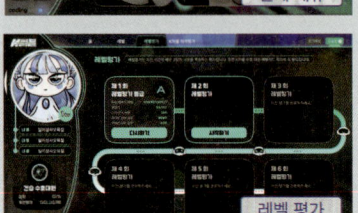
레벨 평가

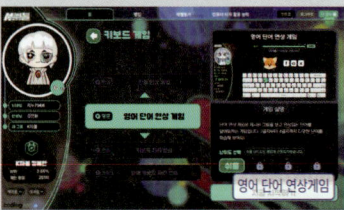
영어 단어 연상게임

온라인 대전

▶ **커스텀 프로필**
자신의 케릭터를 꾸밀 수 있는 기능이 추가되었습니다. 케릭터의 머리, 얼굴, 옷, 장신구를 변경하여 자신만의 개성있는 케릭터를 만들어 봅니다.

▶ **레벨평가 시안성**
레벨평가 화면이 이전 화면 보다 보기 좋게 변경되었습니다. 배운 내용을 복습하여 높은 점수에 도전해 봅니다.

▶ **영어 단어 연상 게임**
단어 연상 게임은 제시된 그림을 보고 연상되는 단어를 알아 맞히는 게임입니다. 두 글자 부터 네 글자까지 다양한 단어를 학습해 봅니다.

▶ **온라인 대전 게임 - 영토 사수 작전**
친구들과 1 VS 1 또는 2 VS 2 온라인 대전 게임으로 오타 없이 빨리 타자를 입력하여 영토를 지배하는 게임입니다. 비슷한 타수의 친구와 대결하면 재미있는 승부를 볼 수 있습니다.

 ※ K마블 영어 버전의 원어민 음성 모드도 곧 지원됩니다.

채점프로그램 MAG 소개

**자격증의 새로운 변화!!**

# MAG 채점 프로그램

## ❶ 개인용 채점프로그램_MAG PER

▶ 개인을 위한 **채점프로그램**으로 각 자격증별 **시험 결과** 즉시 확인
▶ **오피스(한컴·MS)** 설치 없이 **즉시 채점** 가능!
▶ **인공지능**으로 채점율 UP

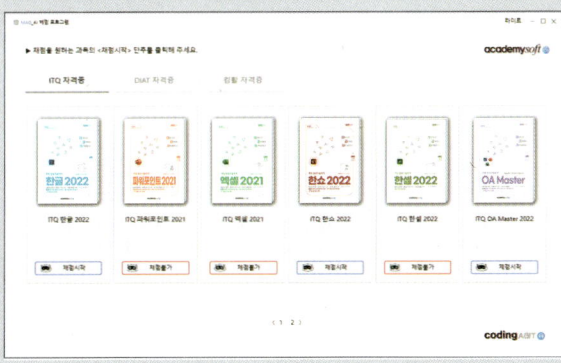
▲ 과목 선택

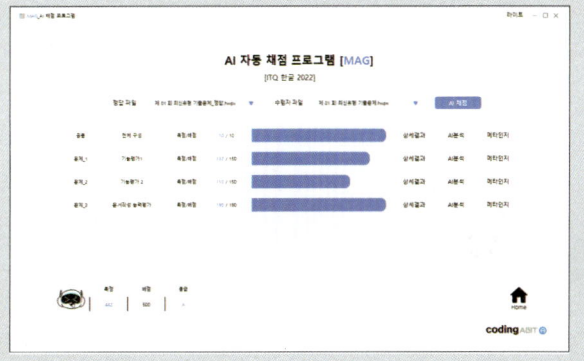
▲ 채점 결과

## ❷ 교육기관용 채점프로그램_MAG NET

▶ 선생님을 위한 또 다른 서비스를 제공합니다.
▶ 선생님을 위한 **온라인 채점프로그램**으로 접속한 수검자의 **시험 결과**를 실시간 확인
▶ 시험종료 후 **성적통계**로 문제별 부족한 부분과 단점을 완벽히 보완
▶ **인공지능**으로 채점율 UP

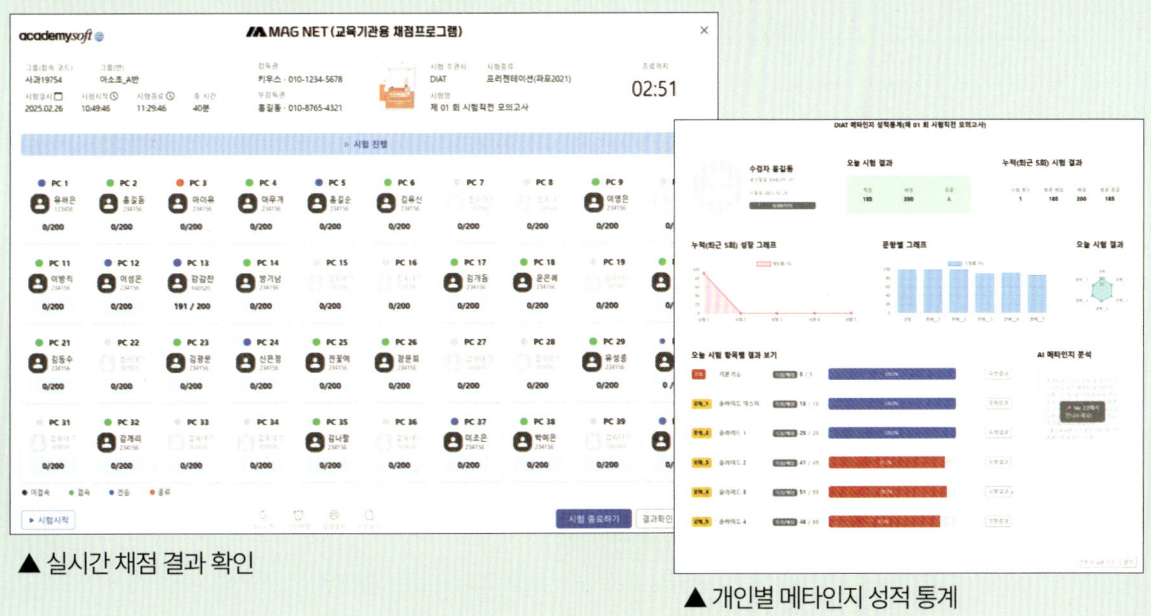
▲ 실시간 채점 결과 확인

▲ 개인별 메타인지 성적 통계

답안 전송 프로그램 소개

2025년 아카데미소프트의 새로운 답안 전송 프로그램

# NEW 답안 전송 프로그램

▶ ITQ, DIAT 시험에 최적화된 **답안 전송 프로그램**
▶ 남은 작업 시간을 확인할 수 있는 **타이머** 기능 추가!
▶ 답안 전송 프로그램을 실행하면 시험 환경에 맞는 **자동 폴더 생성**
▶ **실제 시험장**과 유사한 작업 환경!
▶ 지속적인 **업데이트**로 프로그램 오류 최소화!

## 답안 전송 프로그램! UI 확인하기

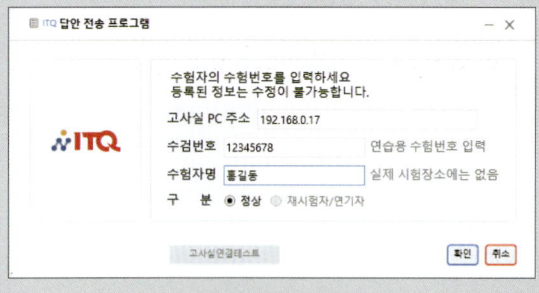

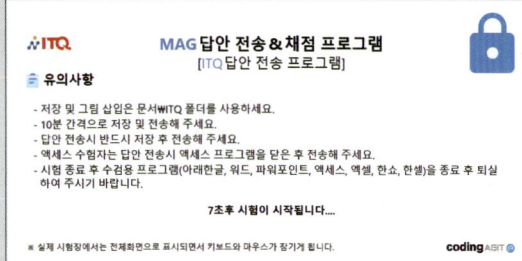

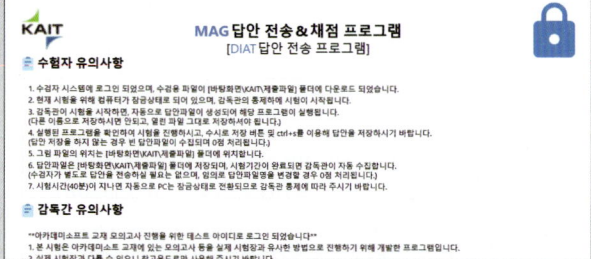

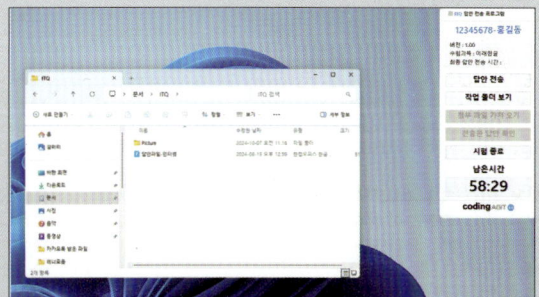
▲ ITQ 답안 전송 프로그램

▲ DIAT 답안 전송 프로그램